Landfrauen-Rezepte aus

Schwaben

CLAUDIA DAIBER • FOTOS: FRIDHELM VOLK

ULMER

Inhalt

Inhalt

- **4** Geleitwort
- **6** Schwaben – Regierungsbezirk und Sprachgebiet
- **16** Zum Vesper
- **32** Suppen, Eintöpfe und Beilagen
- **48** Teigwaren und Mehlspeisen
- **66** Fisch und Fleisch
- **96** Gemüse und Kartoffeln
- **104** Und was Süßes
- **126** Rezeptverzeichnis

Geleitwort

Geleitwort des LandFrauenverbandes Württemberg-Baden

Liebe Leserin, lieber Leser!

Essgewohnheiten charakterisieren eine Region und haben sich über Jahrhunderte weiterentwickelt. Schwäbische Rezepte sind vom Getreideanbau in den Tälern und Ebenen, vom Gemüseanbau und den Streuobstwiesen geprägt. Bereichert werden die Speisen durch Viehzucht und Milchwirtschaft, durch den Weinbau und in den Obstgegenden beispielsweise durch Kirschen und Erdbeeren. Die Frauen kochten, was Garten, Stall und Feld hergaben. Wichtiger Bestandteil der Mahlzeiten im Winter war und ist vitaminreiches Sauerkraut. Die einfache Alltagskost in Schwaben ist besonders vielfältig und reichhaltig. Spätzle und Maultaschen sind gerade für dieses Gebiet internationale Botschafter. Sie stehen für eine lange und allseits geschätzte Kochkultur.

Die Vermarktung und Verarbeitung saisonaler Lebensmittel aus der Region ist dem LandFrauenverband Württemberg-Baden ein wichtiges Anliegen. Mit dem Einkauf heimischer Produkte stärken Verbraucherinnen und Verbraucher die heimische Landwirtschaft und leisten einen aktiven Beitrag zur Gestaltung der Kulturlandschaft. Durch kurze und umweltverträgliche Transportwege können Qualität und Frische bei Nahrungsmitteln erzielt werden. Gesunde Ernährung ist ein überaus wichtiger Faktor einer hohen Lebensqualität.
Wenn Sie gerne bewährte und schmackhafte Rezepte in ihren Speiseplan aufnehmen möchten, empfehlen wir Ihnen dieses Kochbuch. Ich wünsche Ihnen viel Freude bei der kulinarischen Reise durch das Schwabenland.

Gudrun Laible
Landesvorsitzende

Schwaben

Regierungsbezirk und Sprachgebiet

Die Schwaben – wer sind sie?

Viel wurde über die Schwaben schon zu Papier gebracht, bezüglich ihrer Geschichte kann man oft Widersprüchliches lesen. Gesichert scheint, dass die Schwaben ihren Namen dem Volksstamm der Sueben (auch Sweben, Sueven) verdanken, der zu Beginn des 3. Jahrhunderts n. Chr. von der Elbe kommend den römischen Grenzwall Limes überschritt und den süddeutschen Raum besiedelte. Die Sueben sind ein westgermanischer Volksstamm, von den Römern auch Alamannen genannt, was so viel bedeuten könnte wie „Männer des Heiligtums" oder „alle Männer", wobei die letzte Erklärung wahrscheinlicher ist.

Die Alamannen

Ob es sich bei den Alamannen tatsächlich um einen einzigen Volksstamm handelte, ist ungewiss. Schriftliche Überlieferungen liegen nur von Seiten der Römer vor, die alle im Rahmen der Völkerwanderung in ihr Reich eindringenden Germanen als Alamannen bezeichneten. Hinweise für ein gemeinsames Stammesbewusstsein oder sprachliche Gemeinsamkeiten gibt es dagegen nicht. Auch später wird noch von „reguli", das sind Klein- und Gaukönige, gesprochen, die sich für eine Sache zusammentaten und anschließend wieder trennten.
Wie dem auch sei, um 260 n. Chr. gelang es den Alamannen, den Limes zu überwinden. Etwa um das Jahr 450 entstand ein Herzogtum Alamannien, dessen Herrschaftsgebiet schließlich im Westen bis zu den Vogesen, im Süden bis an die Alpenkämme, im Osten bis zur Iller und im Norden bis zum Main reichte.

Im Norden kamen die Alamannen mit einem anderen germanischen Stammesverband in Berührung, den Franken, von denen sie in der Schlacht bei Zülpich 496/497 unter der Führung von König Chlodwig vernichtend geschlagen und bis hinter die Glems zurückgedrängt wurden. Fränkische Familien wanderten daraufhin in das Siedlungsgebiet der Alamannen ein und ließen sich dort nieder.

Zeuge der Geschichte: Ein Alamannischer Helm

Die schwäbische Alb, beliebtes Wandergebiet

Bis heute ist die Glems Sprachgrenze geblieben: Nördlich davon wird fränkisch gesprochen.

Unter der Schutzherrschaft des Ostgotenkönigs Theoderich konnten die Alamannen trotz der Oberherrschaft der Franken weitgehend selbstständig bleiben. Etwa seit 530 unterstanden sie dann den fränkischen Herrschern, hatten aber weiterhin eigene Herzöge.

Um 530 dehnten die Alamannen ihr Siedlungsgebiet im Süden über den Hochrhein hinaus in heutiges Schweizer Gebiet aus, wo sie sich ungehindert ausbreiten konnten.

Weil sie den Franken wieder zu selbstständig geworden waren, wurden die Alamannen 746 von den Franken abgesetzt und das Herzogtum wurde vernichtet. Das Ereignis ging als „Bluttag von Cannstadt" in die Geschichte ein und bedeutete zwar das Ende der Alamannenzeit, nicht aber das Ende der Schwaben.

Das Herzogtum Schwaben

Die Grenzen des späteren Herzogtums Schwaben stimmten weitgehend mit denen des alamannischen Siedlungsgebietes überein: Ab dem neunten Jahrhundert wurde der Name Alamannien durch Schwaben ersetzt. Dieses Herzogtum, es wurde 917 gegründet, umfasste neben dem Gebiet des heutigen Baden-Württembergs auch die Schweiz, das Elsass, Vorarlberg und das bayerische Schwaben. Seine Geschichte ist eng mit der der mächtigen Staufer verknüpft, welche die Herzogwürde bis 1268 innehatten. Mit dem Tod des letzten Staufers erlosch auch das Herzogtum Schwaben.

1488 schlossen sich die schwäbischen Reichsstände zum Schwäbischen Bund zusammen. Seine Aufgabe war es, den Landfrieden zu schützen und die Habsburger Politik zu stützen.

1499 kam es beim Schwabenkrieg, den die Eidgenossen gegen den Schwäbischen Bund führten, zur Abspaltung der Schweiz vom Deutschen Reich: Nördlich des Bodensees residierten die „Sauschwoba" und südlich die Schweizer „Löhli", die „Kuhschweizer".

Erst ab 1500 bis 1806 trug einer der zehn Reichskreise, in die Maximilian I. das Deutsche Reich eingeteilt hatte, wieder den Namen Schwaben.

Schwaben

Schwaben heute

Wenn wir heute von Schwaben sprechen, so meinen wir die Landstriche, in denen schwäbisch gesprochen wird (das bedeutet nicht automatisch auch alemannisch): Teile Baden-Württembergs sowie den bayerischen Regierungsbezirk Schwaben, der immerhin eine Fläche von etwa 10000 Quadratkilometern im Freistaat einnimmt.
Oder, um es mit Thaddäus Troll zu sagen, „Schwabe ist, wer schwäbisch spricht."

Badische und Unsymbadische

Ein Unwissender kann sich bös in die Nesseln setzen, wenn er einen Freiburger zu den Schwaben zählt, gibt es doch eine offene Hassliebe zwischen den „Badischen" und den „Unsymbadischen". Und obwohl sie alle von den Alamannen abstammen, lassen sich deutliche Sprachgrenzen definieren, die sich im Laufe der Jahrhunderte entwickelt haben.
Die Dialektgrenze zwischen Franken und Schwaben besteht

Der Hölderlinturm im malerischen Tübingen

seit dem Sieg des Frankenkönigs Chlodwig über die Alamannen und verläuft grob gesagt ab Nagold ostwärts.

Alemannisch, genauer gesagt Niederalemannisch, wird dagegen südlich von Baden-Baden und westlich von Friedrichshafen gesprochen. Im Osten wird Schwaben vom Freistaat Bayern begrenzt beziehungsweise von der Ostgrenze des Regierungsbezirks Schwaben.

Schwäbische Größen: Erfinder, Dichter und Denker

Die Mentalität der Schwaben ist von Gegensätzen geprägt und gibt Nichtschwaben Rätsel auf. Man bewundert die Schwaben für ihren scharfsinnigen Erfindungsgeist und man kennt weltoffene Exilschwaben, die in die unterschiedlichsten Länder ausgewandert sind. Gleichzeitig belächelt man sie als verschlossene Nesthocker, die aus Ihrem „Ländle" nicht herauskommen und ihren Dialekt wie einen Schatz hüten. Diese seltsame Mischung aus Weltoffenheit und Verschlossenheit hat die unterschiedlichsten berühmten Persönlichkeiten hervorgebracht.

In der Tat, es gibt große und großartige, schrullige und skurrile, geistreiche und intelligente schwäbische Gestalten, die die Geschichte Deutschlands nachhaltig geprägt haben. Dem Erfindungsreichtum der Schwaben verdanken wir unter anderem das Fernrohr, die Rechenmaschine, die Mundharmonika, das lenkbare Luftschiff und die Kehrwoche.

Sie halfen der Wissenschaft auf die Sprünge mit der Entdeckung der Planetenbewegung (Kopernikus) und der Relativitätstheorie (Einstein stammt aus Ulm). Was wäre die deutsche Dichtung ohne Schiller, Uhland und Hauff, die Philosophie ohne Hegel und Schelling? Sebastian Sailer, Christoph Martin Wieland und Martin Walser gehören zum illustren Kreis schwäbischer Dichter.

Bescheidenheit ist eine Zier ...

... aber nicht unbedingt eine Eigenschaft, derer sich die Schwaben rühmen könnten. Die Schwaben waren und sind sich ihres Wertes durchaus bewusst, was ein Vers beweist, der als der arroganteste der deutschen Literatur gelten könnte und den jeder Schwabe gerne zitiert:

Der Schiller und der Hegel
Der Uhland und der Hauff
Das ist bei uns die Regel
Das fällt uns gar nicht auf.

Was ernst gemeint ist, kann auch einmal ins Gegenteil umschlagen und dann skurril bis grotesk wirken, ein Effekt, den bei-

Kulturelles Highlight: Burg Lichtenstein auf der Schwäbischen Alb

spielsweise der Pfarrer Michael Jung mit seinen berühmten Grabliedern erzielte, den er aber niemals beabsichtigt hatte.
In aller Munde sind auch die Abenteuer der sieben (manchmal auch neun) Schwaben, die von verschiedenen Dichtern aufgegriffen und literarisch umgesetzt wurden.

Das Land der Spätzle

Viele kulinarische Besonderheiten haben sich in Schwaben herausgebildet, von denen zumindest zwei besondere Ausprägung zeigen: der Hang zu Teigwaren und die Liebe zum Vespern.
Mit Teigwaren sind vor allem Spätzle und Maultaschen gemeint, wobei erstere fast täglich auf den Tisch kommen. Sie passen einfach perfekt zu allen Gerichten mit Soßen, die der Schwabe ganz besonders liebt, und sie verbinden sich mit Linsen zu einem sättigenden Nationalgericht: LSS – Linsen, Spätzle und Saitenwürscht.
Ob der Name Spätzle vom italienischen Wort spezzato (geschnetzelt, gestückelt) kommt oder vom sprichwörtlichen Spatzen in der Hand, ist bis heute nicht geklärt, was dem kulinarischen Genuss aber keinen Abbruch tun dürfte. Sicher ist, dass schon bevor man Spätzle vom Brett ins heiße Wasser schabte schwäbische Hausfrauen von Hand kleine Teigstücke formten (der Spatz in der Hand) und ins

Schwaben

heiße Wasser legten. Weil sie relativ groß waren, hießen diese Teigstücke ursprünglich auch Spatzen und nicht Spätzle.

Heute kann man Spätzle auch außerhalb von Schwaben essen, weil Nudelhersteller und Exilschwaben gleichermaßen für Verbreitung sorgen.

Seine Spätzle verbindet der Schwabe übrigens auch gern mit Sauerkraut und isst sie als Krautspätzle. Das schwäbische Filderkraut, angebaut auf den Fildern südlich von Stuttgart, wird aus einer besonderen Spitzkohlsorte hergestellt. Es schmeckt sehr mild.

Maultaschen – mit oder ohne Spinat?

Das ist beinahe eine Weltanschauung und ein heftig geführter Disput zwischen Nord- und Südschwaben. In der Stuttgarter Gegend wird der Füllung gerne Spinat beigemischt, weiter im Süden findet man dagegen eher reine Brätfüllun-

Das schwäbische Filderkraut wird zu einem besonders milden Sauerkraut verarbeitet.

Schwaben

gen. Wie die Spätzle, so waren auch die Maultaschen ein typisches Arme-Leute-Essen, bei dem alle Reste der Woche für die Füllung zusammengewürfelt wurden. Dabei konnten wahre Delikatessen entstehen.

Thaddäus Troll beschreibt die Maultaschen so:

„*In einem unliebenswürdigen Gewand verbirgt sich ein delikater Kern. Sie schmecken hehlinge (heimlich) gut. Außen pfui und innen hui, überspitzt ausgedrückt ... Eine leichenfarbene Hülle aus Nudelteig entsagt jedem optischen Reiz und wirkt appetitzügelnd. Aber wie köstlich ist die reiche Fülle aus Bratwurstbrät, Schinken, Fleisch, Speck, Spinat, Zwiebeln, Eiern, Petersilie, Muskat und Majoran! Jede Hausfrau hat dafür ihr Spezialrezept. Diese Maultaschen schwimmen wie Wasserleichen in der Fleischbrühe. Oder werden, mit Eiern überzogen, im Ofen gebacken. Oder mit Zwiebeln überschmelzt als blasse Wesen einem Kartoffelsalat beigelegt ...*"

Dass die Maultaschen äußerlich so unscheinbar daherkommen, mag ein Beweis für die Gerissenheit der Schwaben sein. Denn Maultaschen waren ein typisches Freitagsgericht. Und gute Katholiken sollten am Freitag bekanntlich kein Fleisch essen. Die erfindungsreichen Schwaben haben das an diesem Tag verbotene Fleisch kurzerhand klein gehackt, mit verschiedenem Gemüse, Kräutern und Eiern vermengt und in Nudelteig versteckt. Deshalb heißen Maultaschen mancherorts auch Herrgottsbscheißerle.

Echte Schwaben schaben ihre Spätzle heute noch vom Brett.

rechte Seite: Der Gaisburger Marsch ist wohl das bekannteste schwäbische Eintopfgericht.

Alles aus einem Topf – die Suppenschwaben

Die Schwaben lieben gutes Essen und eine „gscheite" Mahlzeit ist nur dann vollständig, wenn der Magen vor dem Hauptgericht von einer Suppe angewärmt wird. Früher stand schon als erste Morgenmahlzeit eine wärmende Suppe auf dem Tisch – das konnte eine Brotsuppe, eine Milchsuppe, eine gebrannte Mehlsuppe, eine Fleischbrühe mit oder ohne Einlage sein. Reste davon wurden dann nach dem Vesper am späten Nachmittag zum Nachtessen (Abendessen) serviert.

Manchmal wurden Suppe und Hauptgericht aus Gründen der Sparsamkeit oder der Einfachheit zusammengefasst – wir kennen das als Eintöpfe, von denen es in Schwaben zahlreiche und wirklich wunderbare gibt.

Der berühmteste unter ihnen ist wohl der Gaisburger Marsch, der nach der Überlieferung so entstanden sein soll: Als die Gaisburger Männer in den Krieg ziehen sollten, kochten ihnen ihre Frauen einen deftigen Eintopf, denn Kriegswirren lassen sich, wenn überhaupt, mit vollem Magen besser ertragen. Aber auch wer nicht in den Krieg ziehen muss, wird den kräftigenden Eintopf aus Kartoffeln, Fleisch und Spätzle, die in kräftiger Brühe gekocht werden, zu schätzen wissen.

Eine Schwäbische Institution: „'s Veschper"

Diese kalte oder warme „Zwischenmahlzeit" hat sozusagen Kultstatus und man wird keinen Schwaben treffen, der ohne Not auf sein „Veschper" verzichtet. „Gveschpert" wird am Vormittag und / oder am Nachmittag. Ein Teller mit verschiedenen Wurstsorten, ein Luckeleskäs, saurer Backstoikäs oder ein schwäbischer Wurstsalat – all das und noch viel mehr kann ein Vesper sein. Obligatorisch dazu

Schwaben

sind saftiges Bauernbrot, „a Weckle" (Semmel) oder die heiß geliebten Laugenbrezeln, ohne die in Schwaben überhaupt nichts läuft.

Der Legende zufolge soll sie so entstanden sein: Der Bäcker des Grafen Eberhard von Urach wurde zum Tode verurteilt, weil er den Grafen bestohlen hatte. Der Graf wollte ihm aber das Leben schenken, wenn er ein Gebäck schaffen könne, durch das dreimal die Sonne scheint. So entstand die Laugenbrezel, welche die Schwaben natürlich am liebsten frisch gebacken verzehren.

Darf man Manfred Rommel, einst beliebtes Oberhaupt der Stadt Stuttgart, glauben, haben die Schwaben der Brezel sogar ihre Klugheit zu verdanken:

„Der Schwaben Klugheit? Dieses Rätsel, die Lösung heißt: Die Laugenbrezel. Schon trocken gibt dem Hirn sie Kraft. Mit Butter wirkt sie fabelhaft, erleuchtet mit der Weisheit Fackel, noch das Gehirn vom größten Dackel."

Most oder Viertele? Was der Schwabe zum Essen gerne trinkt

Zum Vesper trinkt der Schwabe gerne einen kühlen „Moscht", aber auch einem Schoppen – einem Viertele Wein – sind die Schwaben nicht abgeneigt.

Vor allem in ländlichen Gegenden gehörte das Mostfass im Keller zur Standardausstattung eines Haushalts. Klar, denn Most konnte aus Birnen und Äpfeln eigener Ernte gewonnen werden und war ein billiges und erfrischendes Getränk. Wein dagegen war den Festtagen und den Angehörigen der so genannten „besseren Gesellschaft" vorbehalten.

Das war früher. Heute laden zahlreiche Buschenschenken und Weinstuben im Ländle zu einem Viertele und schwäbischen Spezialitäten ein. Zwiebelkuchen wird zum Suser, dem neuen Wein, gereicht. Dinnete – die schwäbische Variante der Pizza – oder belegte Seelen schmecken zum Viertele ebenso gut wie Kraut- oder Kässpätzle, abgeschmälzte Maultaschen und Buabaspitzle (Schupfnudeln). Obligatorisch dazu ist natürlich Wein aus dem Ländle, ein Württemberger Riesling, ein Müller-Thurgau, ein Trollinger oder ein Schwarzriesling. Und überhaupt: Die Schwaben sind keine Kinder von Traurig-

keit. Sie feiern und festen gerne, getreu dem Motto: „Wer Feste feiert, feiert feste."

Im ganzen Ländle gibt es zahlreiche Heimat- und Kirchenfeste, die reichlich Anlass für feucht-fröhliche Zusammenkünfte geben. Ob Rutenfest in Ravensburg oder Blutritt in Weingarten, Schützenfest in Biberach oder Kinderfest in Wangen – ein Anlass zum Feiern findet sich immer. Und weil die Schwaben keine halben Sachen mögen, wird das „normale Leben" oft gleich mehrere Tage lahm gelegt.

Ein besonderer Stellenwert im Jahreslauf kommt in Oberschwaben der Fasnacht zu. In der so genannten fünften Jahreszeit treiben Narro, Hänsele, Plätzler und Hexen aller Art ihr Unwesen. Dazu gehören Narrenumzüge und fettgebackene Küchle. Die närrischen Tage enden mit dem Faschingsdienstag und einem kultischen Brauch, dem Hexenverbrennen. In Oberschwaben setzt der Funkensonntag – der Sonntag nach Aschermittwoch – der Narretei erst ein endgültiges Ende. Dann brennen auf zahlreichen Hügeln imposante Feuer und in ihnen eine Strohpuppe: So wie sie zu Asche verbrennt, sollen die Mächte des Winters dem Frühling weichen.

Zum Vesper

Kartoffelsalat

Zutaten für 4 Personen

1 kg fest kochende Kartoffeln
1/4 l sehr kräftige Fleischbrühe
1 große Zwiebel
2 EL Weißweinessig
1 TL mittelscharfer Senf
1 Bd Schnittlauch
4–5 EL Sonnenblumenöl
Salz
Pfeffer

- Die Kartoffeln waschen und in der Schale in wenig Wasser bei mittlerer Hitze in etwa 30 Minuten weich garen
- Die fertigen Kartoffeln abgießen und kalt abschrecken
- Die Fleischbrühe zum Kochen bringen
- Die Kartoffeln schälen, in feine Scheiben schneiden oder hobeln und in eine Schüssel geben
- Die Zwiebel schälen und in feine Würfel schneiden
- Fleischbrühe mit dem Essig, dem Senf und den Zwiebelwürfeln verrühren und über die Kartoffeln gießen
- Alles vorsichtig durchmengen und den Salat zugedeckt mindestens 1 Stunde ziehen lassen
- Den Schnittlauch waschen, trockenschütteln und in feine Röllchen schneiden
- Das Öl zum Kartoffelsalat geben und untermengen
- Den Salat nach Bedarf noch mit Salz und Pfeffer würzen und mit dem Schnittlauch bestreut servieren.

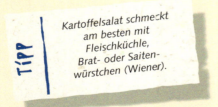

Tipp: Kartoffelsalat schmeckt am besten mit Fleischküchle, Brat- oder Saitenwürstchen (Wiener).

Zum Vesper

Zwiebelkuchen

Zutaten für 1 Blech (36 x 40 cm)

Für den Boden:
250 g Mehl
1/2 Würfel Hefe
1 Prise Zucker
1/8 l lauwarmes Wasser
1 Ei
50 g zimmerwarme Butter
Mehl zum Bearbeiten

Für den Belag:
1 kg Zwiebeln
100 g Bauchspeck
5 EL Sonnenblumenöl
200 g Schmant
1 Ei
Salz
Pfeffer
1 TL Kümmel

- Für den Teig das Mehl in eine Schüssel sieben und in die Mitte eine Vertiefung drücken
- Die Hefe hineinbröckeln und mit dem Zucker bestreuen
- Etwas Wasser angießen und die Hefe mit etwas Mehl und dem Wasser verrühren
- Den Vorteig zugedeckt etwa 15 Minuten gehen lassen
- Das Ei, die Butter und das restliche Wasser zum Vorteig geben und alles mit den Knethaken des Handrührgerätes zu einem geschmeidigen Teig verkneten
- Den Teig erneut etwa 30 Minuten gehen lassen
- Solange der Teig geht, die Zwiebeln schälen, halbieren und in Halbringe schneiden
- Den Speck von Schwarte und Knorpeln befreien und in kleine Würfel schneiden
- Die Speckwürfel in einer Pfanne ohne Fett rösten, dann herausnehmen und beiseite stellen
- Das Öl in der Pfanne erhitzen, die Zwiebeln darin weich dünsten und beiseite stellen
- Den Backofen auf 200 °C vorheizen
- Den Teig auf wenig Mehl in der Größe des Blechs ausrollen
- Das Backblech mit Backpapier auslegen und den Teig darauf legen
- Die Zwiebeln mit dem Speck, dem Schmant und dem Ei mischen, mit Salz, Pfeffer und Kümmel würzen
- Den Kuchen im Backofen (mittlere Schiene) etwa 45 Minuten backen
- Den fertigen Kuchen herausnehmen, in Stücke schneiden und noch warm servieren.

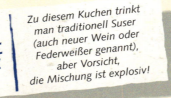

Tipp: *Zu diesem Kuchen trinkt man traditionell Suser (auch neuer Wein oder Federweißer genannt), aber Vorsicht, die Mischung ist explosiv!*

Zum Vesper

Ochsenmaulsalat

Zutaten für 4 Personen

600 g gekochtes Ochsenmaul (beim Metzger vorbestellen)
1 Zwiebel
2 Essiggurken
3 EL Weißweinessig
Salz
Pfeffer
Zucker
5 EL Sonnenblumenöl
1 Bd Schnittlauch

- Das Ochsenmaul in sehr feine Scheiben schneiden (oder vom Metzger mit der Aufschnittmaschine in dünne Scheiben schneiden lassen)
- Die Zwiebel schälen und in feine Würfel schneiden
- Die Essiggurken abtropfen lassen und in Scheiben schneiden
- Essig mit Salz, Pfeffer und Zucker verrühren, das Öl unterschlagen
- Den Schnittlauch waschen, trockenschütteln und in feine Röllchen teilen
- Ochsenmaul mit Zwiebel und Essiggurken in eine Schüssel geben, die Marinade darüber gießen und alles locker vermischen
- Den Salat vor dem Servieren etwa 30 Minuten durchziehen lassen, dann mit Schnittlauchröllchen bestreuen und servieren.

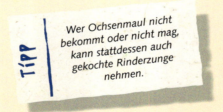

Tipp: Wer Ochsenmaul nicht bekommt oder nicht mag, kann stattdessen auch gekochte Rinderzunge nehmen.

Zum Vesper

Lumpasupp'

Zutaten für 4 Personen

300 g rote Bratwurst

200 g Emmentaler, in Scheiben geschnitten

1 große Zwiebel

4 EL Weißweinessig

Salz

Pfeffer

Zucker

2 EL Wasser

6 EL Sonnenblumenöl

- Die Bratwurst in Scheiben und den Käse in Streifen schneiden
- Beides in einer Schüssel mischen
- Die Zwiebel schälen und in Scheiben schneiden, über Wurst und Käse verteilen
- Den Essig mit Salz, Pfeffer und Zucker verquirlen, Wasser und Öl unterschlagen
- Die Marinade über die Zutaten in der Schüssel gießen und alles vermengen
- Vor dem Servieren etwa 15 Minuten ziehen lassen.

Tipp: Dazu passt deftiges Bauernbrot.

Schwäbischer Wurstsalat

Zutaten für 4 Personen

600 g nicht zu weiche Schwarzwurst
3 EL Weißweinessig
Salz
Pfeffer
Zucker
2 EL Wasser
5 EL Sonnenblumenöl
1 große Zwiebel

- Die Schwarzwurst in feine Scheiben schneiden
- Den Essig mit Salz, Pfeffer und Zucker verquirlen, Wasser und Öl unterschlagen
- Die Wurst in eine Schüssel geben, mit der Vinaigrette vermischen und zugedeckt etwa 30 Minuten ziehen lassen
- Die Zwiebel schälen, halbieren und die Hälften in Halbringe schneiden
- Die Zwiebelringe auf dem Wurstsalat verteilen
- Den Salat mit kräftigem Bauernbrot servieren.

Zum Vesper

Katzagschroi *Bild rechts*

Zutaten für 4 Personen

2 Bd Frühlingszwiebeln

500 g gekochtes Rindfleisch (Suppenfleisch)

2 EL Butter

Salz

Pfeffer

4 Eier

4 EL Milch

- Die Frühlingszwiebeln waschen, putzen und in feine Ringe schneiden
- Das Rindfleisch würfeln
- Die Butter in einer Pfanne zerlassen und die Zwiebeln darin glasig braten
- Die Fleischwürfel hinzufügen und kurz mitbraten, mit Salz und Pfeffer kräftig würzen
- Die Eier mit der Milch verquirlen und über das Fleisch gießen
- Das Ei bei mittlerer Hitze stocken lassen, mit Salz und Pfeffer würzen.

TIPP Dazu schmeckt ein Blattsalat oder ein bunter Salat.

Luckeleskäs
(Schnittlauchquark)

Zutaten für 4 Personen

250 g Quark

100 g Schmant

3 Frühlingszwiebeln

2 Bd Schnittlauch

Salz

Pfeffer

4 Radicchioblätter

Paprikapulver

- Quark und Schmant verrühren
- Die Frühlingszwiebel waschen, putzen und fein zerkleinern
- Den Schnittlauch waschen, trockenschütteln und in feine Röllchen schneiden
- Die zerkleinerte Frühlingszwiebel und die Schnittlauchröllchen unter den Quark rühren, den Quark mit Salz und Pfeffer pikant würzen
- Die Radicchioblätter waschen, trockentupfen und auf Teller geben
- Mit einem Löffel Nocken von dem Quark abstechen und auf den Salatblättern anrichten
- Mit Paprikapulver bestreuen und servieren.

TIPP Dazu passen Pellkartoffeln besonders gut. Der Luckeleskäs schmeckt aber auch auf saftigem, gebuttertem Vollkornbrot.

Zum Vesper

Saurer Backstoikäs
(Romadur mit Essig, Öl und Zwiebeln)

Zutaten für 1 Person
1 Stück Romadur
1 Zwiebel
1 EL Weißweinessig
Salz
Pfeffer
2 EL Sonnenblumenöl
2 EL Wasser oder Gemüsebrühe

- Vom Käse mit einem glatten Messer die rote Schmiere abschaben und den Käse in Scheiben schneiden
- Die Zwiebel schälen und in Ringe teilen
- Essig mit Salz, Pfeffer, Öl und Wasser oder Brühe verquirlen
- Den Käse auf einem tiefen Teller anrichten, mit der Marinade übergießen und etwa 10 Minuten ziehen lassen
- Die Zwiebeln auf dem Käse verteilen und alles mit Paprikapulver bestreuen
- Mit Bauernbrot servieren.

Variante

- Den Käse wie beschrieben vorbereiten und mit einer Gabel zerdrücken
- 100 g Butter, eine klein geschnittene Zwiebel, Paprikapulver, Salz und Pfeffer untermischen
- Den Käse etwa 1 Stunde kalt stellen
- Einen Rettich waschen, putzen und in feine Scheiben schneiden
- Die Rettichscheiben auf einer Platte anrichten, mit Salz und Pfeffer würzen
- Den Käse in der Mitte der Platte halbkugelförmig anrichten, mit Schnittlauch bestreuen und servieren.

Zum Vesper

Tellersulz

Zutaten für 4 Personen

1 Zwiebel
1 Lorbeerblatt
1 Nelke
1 Möhre
1 Stange Lauch
1/4 Knolle Sellerie
1/2 Bd Petersilie
1 kg Schweineknochen
2 Kalbshaxen
500 g Suppenfleisch
2 EL Weißweinessig
1 TL Salz
5 Pfefferkörner
2 Eier
2 Essiggurken
1/2 rote Paprikaschote

- Die Zwiebel schälen und halbieren
- Das Lorbeerblatt mit der Nelke an einer Zwiebelhälfte feststecken
- Die Möhre waschen
- Den Lauch putzen, längs aufschneiden und gründlich abbrausen
- Den Sellerie schälen, die Petersilie abbrausen und trockenschütteln
- Die Knochen und die Kalbshaxen abbrausen, mit dem Suppenfleisch und dem Gemüse in einen Topf geben
- Essig, Salz und Pfefferkörner hinzufügen und so viel kaltes Wasser angießen, dass alle Zutaten gut bedeckt sind
- Die Brühe langsam zum Kochen bringen, einmal aufkochen lassen, dann knapp unter dem Siedepunkt etwa 1 Stunde leise köcheln lassen
- Die fertige Brühe durch ein Sieb gießen und erkalten lassen
- Das Fleisch ebenfalls kalt stellen
- Die Eier in etwa 10 Minuten hart kochen, dann eiskalt abschrecken, schälen und abkühlen lassen
- Die Essiggurken halbieren und in Fächer schneiden
- Die Paprikaschote waschen, putzen und in kleine Würfel schneiden
- Von der kalten Brühe das Fett abschöpfen
- Die Brühe nochmals erhitzen und auf die Hälfte einkochen lassen
- Das Suppenfleisch in feine Scheiben schneiden und auf tiefe Teller verteilen
- Die Eier in Scheiben schneiden, mit den Gurkenfächern und den Paprikawürfeln dekorativ auf dem Fleisch verteilen
- Die heiße Brühe darüber gießen und erkalten lassen
- Die Sulzen kalt stellen, bis die Brühe geliert ist.

Tipp: Dazu passen knusprig gebratene Kartoffeln. In vielen Regionen Schwabens werden Sulzen auch mit einer Essig-Öl-Vinaigrette und reichlich Zwiebelringen serviert.

Zum Vesper

Grießschnitten

Zutaten für 4 Personen
400 ml Milch
80 g Butter
1 kräftige Prise Salz
120 g Grieß
50 g Emmentaler
1 Ei
2 EL Butterschmalz

- Die Milch mit der Butter und dem Salz erhitzen, bis die Butter geschmolzen ist
- Den Grieß in die heiße Milch geben und bei schwacher Hitze unter Rühren quellen lassen, bis die Masse dick ist
- Die Herdplatte ausschalten, den Grieß weiter quellen lassen, dabei immer wieder umrühren
- Den Emmentaler grob reiben und mit dem Ei unter die Grießmasse mischen
- Eine Form oder ein Blech einölen oder mit Alufolie auslegen
- Die Grießmasse darauf streichen und abkühlen lassen
- Die erkaltete Grießmasse mit einem scharfen Messer in Quadrate schneiden
- Das Butterschmalz in einer Pfanne zerlassen und die Grießecken darin von beiden Seiten goldbraun braten.

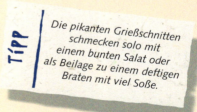

Tipp: Die pikanten Grießschnitten schmecken solo mit einem bunten Salat oder als Beilage zu einem deftigen Braten mit viel Soße.

Variante

Für süße Schnitten können Sie den geriebenen Käse durch 2 EL Zucker ersetzen. Die gebackenen Schnitten mit Zimt und Zucker bestreuen und Kompott dazu reichen.

Suppen, Eintöpfe und Beilagen

Leberspätzlesuppe

Zutaten für 4 Personen

200 g Kalbsleber
1 Zwiebel
50 Butter
250 g Mehl
2 Eier
Salz
Pfeffer
1 1/2 l Fleischbrühe
1/2 Bd glatte Petersilie

- Die Leber von Haut und Sehnen befreien
- Die Zwiebel schälen und grob zerkleinern
- Zwiebel und Leber durch die feine Scheibe
  des Fleischwolfs drehen oder im Mixer pürieren
- Die Butter schaumig rühren
- Das Mehl dazusieben und mit den Eiern unter die Butter rühren
- Die Leber-Zwiebel-Masse hinzufügen und untermengen
- Den Teig mit Salz und Pfeffer würzen und zugedeckt
  etwa 30 Minuten zugedeckt ruhen lassen
- Inzwischen reichlich Salzwasser in einem breiten Topf erhitzen
- Den Teig portionsweise in einen Spätzlehobel füllen
  und in die heiße Brühe schaben
- Die fertigen Spätzle mit einem Schaumlöffel aus der Brühe
  heben und abtropfen lassen
- Die Fleischbrühe erhitzen und die Spätzle in der Brühe
  nochmals erwärmen, aber nicht mehr kochen
- Die Petersilie waschen, trockenschütteln und fein hacken
- In die Suppe streuen und diese heiß servieren.

Suppen, Eintöpfe und Beilagen

Brätknödelsuppe

Zutaten für 4 Personen
50 g Butter
2 Eier
400 g Kalbsbrät
100 g Mutschelmehl (Semmelmehl)
Salz
Pfeffer
geriebene Muskatnuss
1 Bd Schnittlauch
1 1/2 l Fleischbrühe

- Die Butter bei schwacher Hitze zerlassen, mit den Eiern, dem Kalbsbrät und dem Mutschelmehl vermengen
- Die Masse mit Salz, Pfeffer und Muskatnuss würzen und etwa 10 Minuten quellen lassen
- Reichlich Salzwasser zum Kochen bringen
- Aus der Masse mit Hilfe von zwei Teelöffeln Klößchen formen und in dem heißen, aber nicht kochenden Wasser etwa 10 Minuten ziehen lassen
- Inzwischen die Fleischbrühe zum Kochen bringen
- Den Schnittlauch waschen, trockenschütteln und in feine Röllchen schneiden
- Die Brätknödelchen in die heiße Brühe geben und den Schnittlauch darüber streuen.

Suppen, Eintöpfe und Beilagen

Flädlesuppe *Bild rechts*

Zutaten für 4 Personen
Für die Flädle:
200 g Mehl
2 Eier
1/4 l Milch
1 Prise Salz
Butter zum Backen

Außerdem:
1 1/2 l Fleischbrühe
1 Bd Schnittlauch

- Das Mehl mit den Eiern, der Milch und dem Salz verquirlen
- Den Teig zugedeckt etwa 15 Minuten stehen lassen
- Etwas Butter in einer beschichteten Pfanne zerlassen
- Etwas Teig in die Pfanne gießen und daraus einen dünnen Pfannkuchen backen
- Den fertigen Pfannkuchen herausnehmen und aufrollen
- So weiter verfahren, bis der ganze Teig verbraucht ist
- Die aufgerollten Pfannkuchen erkalten lassen
- Die Fleischbrühe erhitzen
- Den Schnittlauch waschen, trockenschütteln und in feine Röllchen schneiden
- Die Flädle in Suppenteller legen, mit etwas Schnittlauch bestreuen und die heiße Brühe darüber schöpfen
- Heiß servieren.

Allgäuer Kässuppe

Zutaten für 4 Personen
2 Kartoffeln (ca. 300 g)
1 Zwiebel
2 Knoblauchzehen
1 EL Sonnenblumenöl
3/4 l Fleischbrühe
200 g Sahne
100 g Allgäuer Emmentaler
Salz
Pfeffer
1 Bd Schnittlauch

- Die Kartoffeln waschen, schälen und klein würfeln
- Die Zwiebel schälen und fein hacken
- Die Knoblauchzehen schälen und durch die Presse drücken
- Das Öl in einem Topf zerlassen
- Die Zwiebel und den Knoblauch darin glasig dünsten
- Die Kartoffeln hinzufügen und kurz mitdünsten
- Die Brühe und die Sahne angießen
- Alles zugedeckt etwa 15 Minuten kochen lassen, bis die Kartoffeln weich sind
- Den Käse grob reiben
- Die Suppe mit einem Pürierstab pürieren, mit Salz und Pfeffer würzen
- Den Käse unterrühren und schmelzen lassen
- Den Schnittlauch waschen, trockenschütteln und in feine Röllchen schneiden
- Die Suppe auf vorgewärmte Teller verteilen und mit dem Schnittlauch bestreuen.

Tipp
Die Suppe schmeckt auch sehr gut mit gerösteten Weißbrotwürfelchen. Dafür 4 Scheiben Toastbrot entrinden und in kleine Würfel schneiden. 2 EL Butter in einer Pfanne zerlassen, das Brot darin von allen Seiten goldgelb rösten und über die Suppe streuen.

Suppen, Eintöpfe und Beilagen

Brennte Mehlsupp'

Zutaten für 4 Personen
1 1/2 l Fleischbrühe
4 Scheiben Toastbrot
1 Möhre
3 EL Butter
80 g Mehl
Salz
Pfeffer

- Die Fleischbrühe erhitzen
- Das Brot von der Rinde befreien und in kleine Würfel schneiden
- Die Möhre schälen und in kleine Würfel schneiden
- Die Butter in einem Topf zerlassen und das Mehl darin goldgelb anschwitzen
- Die Brotwürfelchen dazugeben und kurz mitrösten lassen
- Die Möhrenwürfel ebenfalls in den Topf geben
- Die heiße Fleischbrühe nach und nach angießen, dabei kräftig rühren, damit sich keine Klümpchen bilden
- Die Suppe bei mittlerer Hitze etwa 20 Minuten kochen lassen, dann mit Salz und Pfeffer würzen und servieren.

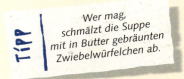

TIPP | Wer mag, schmälzt die Suppe mit in Butter gebräunten Zwiebelwürfelchen ab.

Variante

Statt Mehl können Sie auch Weizen- oder Grünkernschrot nehmen. Dann muss man die Suppe aber etwa 40 Minuten kochen lassen.

Suppen, Eintöpfe und Beilagen

Gaisburger Marsch

Zutaten für 4 Personen

500 g Rindfleisch (Bug oder Brust)
2 Suppenknochen
1 Bd Suppengrün
3 Zwiebeln
1 Lorbeerblatt
1 Nelke
Salz
4 Pfefferkörner
500 g fest kochende Kartoffeln
4 EL Butter
400 g frische Spätzle (Grundrezept S. 48)
1 Bd Schnittlauch

- Fleisch und Knochen kalt abbrausen und in einen Topf geben
- Das Suppengrün waschen, putzen und grob zerkleinern
- 1 Zwiebel schälen, halbieren, das Lorbeerblatt mit der Nelke an einer Zwiebelhälfte feststecken und ebenfalls in den Topf geben
- Etwa 2 l Wasser angießen, salzen und die Pfefferkörner hinzufügen
- Das Wasser langsam zum Kochen bringen und das Fleisch in etwa 1 Stunde knapp unter dem Siedepunkt garen
- Während das Fleisch gart, die Kartoffeln waschen, schälen und in etwa gleich große Würfel schneiden
- Das Fleisch aus der Brühe nehmen und in Alufolie wickeln
- Die Brühe durch ein Sieb in einen anderen Topf gießen
- Die Kartoffelwürfel darin etwa 15 Minuten garen
- Inzwischen die übrigen Zwiebeln schälen, halbieren und in Ringe schneiden
- Die Butter in einer Pfanne erhitzen
- Die Zwiebelringe darin unter Rühren bräunen
- Das Fleisch in mundgerechte Stücke schneiden und mit den Spätzle zu den Kartoffeln geben
- Alles erhitzen
- Den Schnittlauch waschen, trockenschütteln und in feine Röllchen schneiden
- Die Suppe mit den Zwiebeln abschmälzen und mit den Schnittlauchröllchen bestreuen.

Suppen, Eintöpfe und Beilagen

Saure Kutteln

Zutaten für 4 Personen

800 g gekochte Kutteln (beim Metzger bestellen)

2 große Zwiebeln

50 g Butter

2 EL Mehl

Zucker

3/4 l Fleischbrühe

3 EL Essig

Salz

Pfeffer

1 kg Pellkartoffeln vom Vortag

3 EL Griebenschmalz

1/2 Bd glatte Petersilie

- Die Kutteln waschen, trockentupfen und in feine Streifen schneiden
- Die Zwiebeln schälen und in feine Würfel schneiden
- Die Butter zerlassen und die Zwiebeln darin bei schwacher Hitze glasig dünsten
- Mehl und Zucker darüber stäuben und hellgelb anschwitzen
- Die Fleischbrühe und den Essig angießen, die Soße mit Salz und Pfeffer würzen
- Die Kutteln hinzufügen und in der Soße bei schwacher Hitze etwa 20 Minuten kochen lassen
- Die Kartoffen schälen und in Scheiben oder Würfel schneiden
- Das Schmalz in einer beschichteten Pfanne zerlassen und die Kartoffeln darin von allen Seiten bei mittlerer Hitze braun braten
- Die Petersilie waschen, trockenschütteln und die Blättchen fein zerkleinern
- Die Kutteln mit Salz, Pfeffer und nach Belieben etwas Essig abschmecken, mit den Bratkartoffeln auf Tellern anrichten und mit der Petersilie bestreuen.

Suppen, Eintöpfe und Beilagen

Saure Rädle
mit Gschlagenen

Zutaten für 4 Personen

1 kg mehlig kochende Kartoffeln
70 g Butter
1 EL Mehl
1 TL Zucker
1/2 l Fleischbrühe
1 Zwiebel
1 Lorbeerblatt
1 Gewürznelke
2 EL Essig
Salz
Pfeffer
1/2 Bd glatte Petersilie
8 Gschlagene (Kalbsbratwürste ohne Haut)
100 ml Milch
100 g Sahne

- Die Kartoffeln waschen, schälen und in Scheiben schneiden
- 50 g Butter in einem Topf zerlassen, Mehl und Zucker einrühren und hellgelb anschwitzen
- Die Fleischbrühe angießen und die Kartoffeln hinzufügen
- Die Zwiebel schälen und halbieren
- Das Lorbeerblatt mit der Nelke an einer Zwiebelhälfte feststecken
- Mit dem Essig zu den Kartoffeln geben, mit Salz und Pfeffer würzen und alles zugedeckt bei schwacher Hitze etwa 20 Minuten garen, bis die Kartoffeln weich sind
- Inzwischen die Bratwürste in Milch legen
- Die Petersilie waschen und trockenschütteln, die Blättchen abzupfen und fein zerkleinern
- Die restliche Butter in einer Pfanne zerlassen, die Gschlagenen aus der Milch nehmen und von allen Seiten goldbraun braten
- Die Sahne unter die Kartoffeln rühren, mit Salz, Pfeffer und eventuell etwas Essig abschmecken
- Die sauren Rädle mit der Petersilie bestreuen und mit den Bratwürsten servieren.

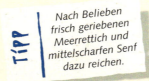

Tipp: Nach Belieben frisch geriebenen Meerrettich und mittelscharfen Senf dazu reichen.

Suppen, Eintöpfe und Beilagen

Linsen, Spätzle, Saitenwürste

Zutaten für 4 Personen

400 g braune getrocknete Linsen

1 Bd Suppengrün

1 Zwiebel

1 Lorbeerblatt

1 Nelke

5 EL Butter

3 EL Mehl

1/2 TL Zucker

1 l Fleischbrühe

1/4 l Rotwein

3 EL Rotweinessig

Salz

Pfeffer

4 Paar Saitenwürste (Wiener)

800 g frische Spätzle (Grundrezept S. 48)

- Die Linsen waschen und über Nacht in etwa 2 l Wasser einweichen
- Am nächsten Tag die Linsen abgießen und abtropfen lassen
- Das Suppengrün waschen und putzen
- Die Zwiebel schälen, halbieren und das Lorbeerblatt mit der Nelke an einer Zwiebelhälfte feststecken
- 3 EL Butter in einem Topf zerlassen
- Mehl und Zucker unterrühren und unter Rühren hellbraun anschwitzen
- Fleischbrühe, Rotwein und Essig angießen und alles kräftig kochen lassen
- Die Soße mit Salz und Pfeffer würzen
- Linsen, Suppengrün und Zwiebel hinzufügen und alles bei schwacher Hitze offen etwa 1 Stunde kochen lassen, bis die Linsen weich sind
- Die Saitenwürste auf die Linsen legen und etwa 10 Minuten mitgaren
- Die restliche Butter in einer beschichteten Pfanne erhitzen und die Spätzle darin bei mittlerer Hitze erwärmen
- Die Linsen mit den Würsten und den Spätzle auf Tellern anrichten und servieren.

Manche Schwaben bezeichnen dieses schwäbische „Nationalgericht" auch einfach abgekürzt als LSS.

Teigwaren und Mehlspeisen

Spätzle – Grundrezept

Zutaten für 4 Personen

500 g Mehl
4–5 Eier
Salz
Mineralwasser
Butter

- Das Mehl in eine Schüssel sieben
- Die Eier und $1/2$ TL Salz dazugeben und alles mit einem Holzlöffel kräftig schlagen, bis der Teig Blasen wirft
- Dabei eventuell noch etwas Mineralwasser dazugeben
- Reichlich Salzwasser in einem breiten Topf zum Kochen bringen
- Den Spätzleteig auf ein Spätzlebrett streichen und mit einer Teigkarte oder einem Messer Spätzle in das siedende Wasser schaben (oder einen Spätzlehobel verwenden)
- Schwimmen die Spätzle an der Oberfläche, diese mit einem Schaumlöffel aus dem heißen Wasser heben und in einem Sieb abtropfen lassen
- So weiter verfahren, bis der ganze Teig verbraucht ist
- Die fertigen Spätzle kurz mit kaltem Wasser überbrausen und abtropfen lassen
- Butter in einer beschichteten Pfanne erhitzen und die Spätzle darin schwenken und erwärmen.

TIPP

In manchen Gegenden werden die Spätzle mit gebräunten Semmelbröseln serviert. Das ist zwar nicht gerade kalorienarm, aber lecker! Dafür 3 EL Butter in einer beschichteten Pfanne erhitzen, 100 g Semmelbrösel darin rösten und über die Spätzle verteilen.

Teigwaren und Mehlspeisen

Kässpätzle

Zutaten für 4 Personen
2 Zwiebeln
50 g Butterschmalz
1 TL Zucker
300 g Emmentaler
Salz
500 g Mehl
4–5 Eier
Mineralwasser

- Die Zwiebeln schälen, halbieren und in Halbringe schneiden
- Das Butterschmalz in einer Pfanne zerlassen, den Zucker einrühren und die Zwiebeln darin bei mittlerer Hitze unter Rühren bräunen
- Beiseite stellen
- Reichlich Salzwasser in einem breiten Topf erhitzen
- Den Käse auf einer Rohkostreibe grob raspeln
- Das Mehl in eine Schüssel sieben, die Eier und 1/2 TL Salz dazugeben und unterrühren
- Eventuell etwas Mineralwasser hinzufügen, so dass ein dicker, zäher Teig entsteht
- Den Teig mit einem Holzlöffel rühren, bis er Blasen wirft
- Den Backofen auf 150°C vorheizen
- Den Teig auf ein Brett streichen und mit einer Teigkarte oder einem Messer die Spätzle ins Wasser schaben
- Die fertigen Spätzle aus dem Wasser heben und abtropfen lassen, in eine ofenfeste Form geben und etwas Käse darüber streuen
- So weiter verfahren, bis Teig und Käse verbraucht sind
- 1 bis 2 EL Kochwasser über die Spätzle schöpfen und sie für etwa 10 Minuten in den Backofen stellen
- Die Zwiebeln nochmals erwärmen, über die Spätzle verteilen und dann servieren

Tipp: Zu Kässpätzle schmeckt ein Blattsalat am besten.

Teigwaren und Mehlspeisen

Krautspätzle

Zutaten für 4 Personen
3 Zwiebeln
3 EL Schmalz
600 g Sauerkraut
75 ml Cidre
1 TL Zucker
Salz
Pfeffer
1 Lorbeerblatt
2 Wacholderbeeren
1 TL Kümmel
800 g frische Spätzle
(Grundrezept S. 48)

- Die Zwiebeln schälen, halbieren und in feine Halbringe schneiden
- Das Schmalz in einer großen Pfanne zerlassen und die Zwiebelringe darin goldbraun braten
- Das Sauerkraut zerpflücken und kurz mitbraten
- Den Cidre angießen
- Das Kraut mit Zucker, Salz, Pfeffer, Lorbeerblatt, Wacholderbeeren und Kümmel würzen und etwa 15 Minuten bei schwacher Hitze köcheln lassen
- Die Spätzle zufügen und alles nochmals erhitzen
- Die Krautspätzle auf vorgewärmten Tellern servieren.

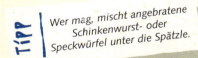

TIPP Wer mag, mischt angebratene Schinkenwurst- oder Speckwürfel unter die Spätzle.

Besonders zu empfehlen ist das milde Filderkraut, das aus Spitzkohl hergestellt wird.

Teigwaren und Mehlspeisen

Maultaschen mit Spinatfülle

**Zutaten für 6 Personen
(24 Stück)**

Für den Teig:

300 g Mehl

3 Eier

2 EL Öl

1/2 TL Salz

Für die Füllung:

3 Scheiben Toastbrot

100 ml heiße Milch

200 g frischer Spinat

Salz

1 Zwiebel

1/2 Bd glatte Petersilie

1 EL Butter

200 g Bratwurstbrät

1 großes Ei (L)

Pfeffer, frisch gemahlen

**Muskatnuss,
frisch gerieben**

**2 EL frische
gehackte Kräuter**

1 Eigelb

Außerdem:

1 1/2 l Fleischbrühe

2 Zwiebeln

50 g Butter

- Das Mehl auf eine Arbeitsplatte sieben
- Eine Vertiefung in die Mitte drücken und die Eier hineingeben
- Öl, 2 EL warmes Wasser und Salz dazugeben und alles zu einem geschmeidigen Teig verkneten
- Den Teig mit einem Tuch abdecken und etwa 15 Minuten ruhen lassen
- Inzwischen das Brot klein würfeln und mit der Milch begießen
- Den Spinat waschen, verlesen und die groben Stiele entfernen
- Salzwasser zum Kochen bringen
- Den Spinat kurz darin zusammenfallen lassen, herausnehmen, kalt abschrecken und abtropfen lassen
- Die Zwiebel schälen und fein hacken
- Die Petersilie waschen und ebenfalls fein hacken
- Die Butter in einer Pfanne zerlassen, Zwiebel und Petersilie darin andünsten
- Den Spinat ausdrücken und ebenfalls fein hacken
- Mit Zwiebel und Petersilie in eine Schüssel geben
- Das Brot ausdrücken und mit dem Brät und dem Ei ebenfalls dazugeben
- Alles zu einem geschmeidigen Fleischteig verarbeiten
- Mit Salz, Pfeffer, Muskatnuss und den Kräutern würzen
- Den Nudelteig auf einer bemehlten Arbeitsfläche dünn ausrollen
- Mit einem Teigrädchen Quadrate von 6 x 6 cm ausrädeln
- Auf die Hälfte der Teigquadrate je 1 EL Füllung geben
- Das Eigelb mit 2 EL Wasser verquirlen und die Teigränder damit bestreichen
- Die restlichen Teigquadrate auf die mit der Füllung geben und die Ränder fest andrücken
- Brühe zum Kochen bringen
- Die Hitze reduzieren und die Maultaschen in der Brühe 10 bis 15 Minuten bei schwacher Hitze ziehen lassen
- Die Zwiebeln schälen und in dünne Ringe oder Würfel schneiden
- Die Butter in einer Pfanne erhitzen
- Die Zwiebeln darin bei mittlerer Hitze goldbraun rösten
- Die Maultaschen aus der Brühe nehmen, abtropfen lassen, auf vorgewärmten Tellern anrichten und mit wenig Brühe begießen
- Die Zwiebeln darauf verteilen
- Dazu schmeckt ein bunter Salat

TIPP

Die Zutaten für den Nudelteig sollten Zimmertemperatur haben. Nehmen Sie deshalb die Eier etwa 1 bis 2 Stunden, bevor Sie den Teig zubereiten wollen, aus dem Kühlschrank. Auch die Arbeitsfläche sollte temperiert sein: Ideal ist eine Holzfläche, ungeeignet sind dagegen Arbeitsflächen aus Marmor und Stein.

Teigwaren und Mehlspeisen

Maultaschen mit Fleischfülle

Zutaten für 6 Personen (24 Stück)

Für den Teig:

300 g Mehl
3 Eier
2 EL Öl
1/2 TL Salz

Für die Füllung:

1 Brötchen vom Vortag
100 ml heiße Milch
2 Bd glatte Petersilie
2 Zwiebeln
2 EL Butter
150 g Bratwurstbrät
150 g Hackfleisch
1 großes Ei (L)
Salz
Pfeffer, frisch gemahlen
Muskatnuss, frisch gerieben
1 Eigelb

Außerdem:

Mehl zum Ausrollen
1 l Fleischbrühe
1 Zwiebel
3 EL Butter
4 Eier
4 EL Milch
1 Bd Schnittlauch

- Das Mehl auf eine Arbeitsplatte sieben
- Eine Vertiefung in die Mitte drücken und die Eier hineingeben
- Öl, 2 EL warmes Wasser und Salz dazugeben und alles zu einem geschmeidigen Teig verkneten
- Den Teig mit einem Tuch abdecken und etwa 15 Minuten ruhen lassen
- Inzwischen das Brötchen klein würfeln und mit der Milch begießen
- Die Petersilie waschen, trockenschütteln und ohne die groben Stiele fein hacken
- Die Zwiebeln schälen und fein hacken
- Die Butter in einer Pfanne zerlassen, Zwiebeln und Petersilie darin andünsten
- Das Brötchen ausdrücken und mit dem Brät, dem Hackfleisch und dem Ei ebenfalls dazugeben
- Alles zu einem geschmeidigen Teig verarbeiten
- Mit Salz, Pfeffer und Muskatnuss würzen
- Den Nudelteig auf einer bemehlten Arbeitsfläche dünn ausrollen
- Mit einem Teigrädchen Quadrate von 6 x 6 cm ausrädeln
- Auf die Hälfte der Teigquadrate je 1 EL Füllung geben
- Das Eigelb mit 2 EL Wasser verquirlen und die Teigränder damit bestreichen
- Die restlichen Teigquadrate auf die mit der Füllung geben und die Ränder fest andrücken
- Brühe zum Kochen bringen
- Die Hitze reduzieren und die Maultaschen darin 10 bis 15 Minuten bei schwacher Hitze ziehen lassen
- Die Zwiebel schälen und fein hacken
- Die Butter erhitzen und die Zwiebel darin glasig dünsten
- Die Maultaschen aus der Brühe heben, abtropfen lassen und in Scheiben schneiden
- Den Schnittlauch waschen, trockenschütteln und fein hacken
- Die Maultaschenscheiben in der Butter mit den Zwiebeln anrösten
- Eier mit Milch, Salz und Pfeffer verquirlen, über die Maultaschen gießen und stocken lassen
- Mit Schnittlauch bestreut servieren
- Dazu passt Salat.

TIPP Sehr gut schmecken Maultaschen auch im Ganzen geröstet mit Tomatensoße.

Hefeknöpfle mit Kraut

Zutaten für 4 Personen

Für den Teig:

250 g Mehl

1/2 Würfel frische Hefe

1 Prise Zucker

1/8 l lauwarme Milch

1 Ei

50 g flüssige Butter

Salz

Für das Sauerkraut:

100 g durchwachsener geräucherter Speck

1 Zwiebel

50 g Butterschmalz

800 g Sauerkraut

200 ml trockener Weißwein

4 – 5 Wacholderbeeren

1 Lorbeerblatt

4 – 5 Pfefferkörner

1 TL Kümmel

Salz

Zucker

- Das Mehl in eine Schüssel sieben und in die Mitte eine Mulde drücken
- Die Hefe hineinbröckeln, mit dem Zucker bestreuen und mit der Milch begießen
- Mit etwas Mehl zu einem Vorteig verrühren und diesen zugedeckt an einem warmen Ort etwa 20 Minuten gehen lassen
- Dann das Ei, die Butter und 1 Prise Salz dazugeben und alles zu einem glatten Teig verkneten
- Den Teig zugedeckt etwa 30 Minuten gehen lassen
- Inzwischen für das Sauerkraut den Speck fein würfeln
- Die Zwiebel schälen und in feine Würfel schneiden
- Das Butterschmalz in einem großen Topf erhitzen
- Den Speck und die Zwiebelwürfel darin einige Minuten bei schwacher Hitze andünsten.
- Das Sauerkraut grob zerpflücken, hinzufügen und kurz mitdünsten lassen
- Den Weißwein angießen
- Die Wacholderbeeren, das Lorbeerblatt, die Pfefferkörner und den Kümmel dazugeben und alles kräftig durchrühren
- Mit Salz und etwas Zucker würzen
- Das Sauerkraut zugedeckt etwa 1 Stunde bei schwacher Hitze schmoren lassen, gelegentlich umrühren
- Während das Kraut gart, den Hefeteig auf einer bemehlten Arbeitsfläche nochmals durchkneten
- Mit einem Teelöffel etwa 24 Klößchen abstechen
- Auf ein bemehltes Brett legen und zugedeckt etwa 30 Minuten ruhen lassen
- Salzwasser in einem breiten Topf zum Kochen bringen
- Die Knöpfle darin etwa 15 Minuten bei schwacher Hitze gar ziehen lassen
- Das Sauerkraut nach Geschmack mit Kümmel und Salz nachwürzen und auf vorgewärmte Teller verteilen
- Die Hefeknöpfle darauf anrichten.

TIPP

Der Kümmel macht das Kraut leichter verdaulich und dadurch bekömmlicher. Statt mit Kraut schmecken die Hefeknöpfle auch zu Gerichten mit viel Soße.

Teigwaren und Mehlspeisen

Krautkrapfen

Zutaten für 4 Personen

Für den Teig:
300 g Mehl
1/2 TL Salz
3 Eier
2 EL Öl

Für die Füllung:
100 g magerer Speck
100 g Schinkenwurst
1 Peitschenstecken (Landjäger)
2 EL Butterschmalz
300 g Sauerkraut
1 TL Kümmel
weißer Pfeffer, frisch gemahlen
1 1/2 l Fleischbrühe

Statt mit Wurst können Sie die Krautkrapfen auch nur mit Speck oder mit Schinken zubereiten. Den Speck stets vorher von Schwarte und Knorpeln befreien.

- Das Mehl mit Salz, Eiern, Öl und 1 EL lauwarmem Wasser schnell zu einem geschmeidigen Teig verkneten
- Den Teig zur Kugel formen, mit einem sauberen Küchentuch abdecken und etwa 30 Minuten ruhen lassen
- Den Speck von Schwarte und Knorpeln befreien
- Speck, Schinkenwurst und Peitschenstecken in kleine Würfel schneiden
- In einem großen Topf mit ofenfesten Griffen das Butterschmalz erhitzen und darin den Speck und die Wurst bei mittlerer Hitze anbraten
- Das Sauerkraut ausdrücken, klein schneiden und dazugeben
- Mit Salz, Pfeffer und dem Kümmel würzen und etwa 10 Minuten unter Rühren mitbraten
- Vom Herd nehmen und etwas abkühlen lassen
- Den Backofen auf 200 °C vorheizen
- Den Nudelteig auf einer bemehlten Arbeitsfläche möglichst dünn zu einem lang gezogenen Rechteck ausrollen
- Das Kraut darauf verteilen, dabei einen schmalen Rand freilassen
- Den Teig von der langen Seite her fest aufrollen und die Rolle quer in Scheiben von 4 bis 5 cm Dicke schneiden
- Die Scheiben mit der Schnittfläche nach unten nebeneinander in den Topf setzen
- Die Fleischbrühe erhitzen und die Krautkrapfen damit begießen; sie sollen von der Fleischbrühe gerade bedeckt sein
- Alles bei starker Hitze zum Kochen bringen
- Dann die Krapfen zugedeckt im Backofen (mittlere Schiene) etwa 40 Minuten garen.

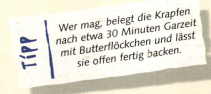

TIPP Wer mag, belegt die Krapfen nach etwa 30 Minuten Garzeit mit Butterflöckchen und lässt sie offen fertig backen.

Teigwaren und Mehlspeisen

Buabaspitzle
(Fingernudeln, Schupfnudeln)

Zutaten für 4 Personen

1 kg gekochte fest kochende Kartoffeln vom Vortag

150 g Mehl

1–2 Eier

Salz

Butterschmalz

- Die Kartoffeln schälen und zerstampfen oder durch die Kartoffelpresse drücken
- Mit dem Mehl, dem Ei oder den Eiern und Salz zu einem festen Teig verkneten
- Aus dem Teig zwischen bemehlten Handflächen etwa 1 cm dicke und daumenlange Rollen formen, die an den Enden spitz zulaufen
- Die Kartoffelnudeln nebeneinander auf ein bemehltes Brett legen
- Butterschmalz in einer großen Pfanne erhitzen und die Nudeln darin portionsweise bei mittlerer Hitze rundum goldbraun ausbacken
- Die fertigen Nudeln zugedeckt warm stellen, bis der ganze Teig verbraucht ist.

Dass die Schwaben eine bildliche Ausdrucksweise pflegen, zeigt der Name Buabaspitzle. Aber kein Schwabe würde das als anrüchig empfinden.

TIPP Machen Sie ruhig eine größere Menge von den Nudeln, denn sie lassen sich ungebacken sehr gut einfrieren (Zuerst einzeln nebeneinander vorfrieren, sonst kleben sie aneinander). Wer Fett sparen möchte, brät die Nudeln in einer beschichteten Pfanne.

Teigwaren und Mehlspeisen

Dampfnudeln auf Kartoffelbett

Zutaten für etwa 10 Stück

Für die Dampfnudeln:

200 ml lauwarme Milch

500 g Mehl

1/2 Würfel frische Hefe

1/2 TL Zucker

50 g weiche Butter

1 Ei

1 Eigelb

1/2 TL Salz

Für das Kartoffelbett:

1 kg vorwiegend fest kochende Kartoffeln

Salz, Pfeffer

etwa 1/4 l Fleischbrühe

Außerdem:

Mehl für die Arbeitsfläche

Butter für die Form

- Das Mehl in eine Schüssel sieben und in die Mitte eine Vertiefung drücken
- Die Hefe hineinbröckeln und mit dem Zucker bestreuen
- Mit etwas Milch und Mehl zu einem Vorteig verrühren
- Den Vorteig zugedeckt an einem warmen Ort etwa 30 Minuten gehen lassen
- Die Butter, das Ei, das Eigelb und Salz dazugeben und alles zu einem geschmeidigen Teig verkneten
- Den Teig zugedeckt an einem warmen Ort etwa 1 Stunde gehen lassen, bis sich sein Volumen verdoppelt hat
- Den Teig auf einer bemehlten Arbeitsfläche durchkneten, dann in etwa 10 gleiche Portionen teilen, zu Kugeln formen und diese auf eine bemehlte Fläche nicht zu dicht nebeneinander setzen
- Die Dampfnudeln zugedeckt nochmals etwa 30 Minuten gehen lassen
- Den Backofen auf 200 °C vorheizen
- Die Fleischbrühe zum Kochen bringen
- Die Kartoffeln waschen, schälen und in dünne Scheiben schneiden
- Eine feuerfeste Form mit Butter ausstreichen, die Kartoffeln hineingeben, mit der Fleischbrühe begießen und im Backofen (mittlere Schiene) etwa 15 Minuten zugedeckt garen lassen
- Die Hitze auf 180 °C reduzieren
- Die gegangenen Dampfnudeln nebeneinander auf die Kartoffeln setzen
- Alles zugedeckt im Backofen in etwa 30 Minuten fertig garen.

Im Allgemeinen kennt man Dampfnudeln süß (siehe S. 110). Diese salzige Variante ist ein beliebtes Freitagsessen.

Teigwaren und Mehlspeisen

Grießschnecken

Zutaten für 4 Personen
250 g Mehl
Salz
250 ml Milch
1 Ei
1 EL Öl
80 g Butter
120 g Grieß
4 EL geriebener Bergkäse
200 g Sahne
Muskatnuss

- Das Mehl auf eine Arbeitsplatte sieben
- Mit 1 Prise Salz, 100 ml Milch, dem Ei und dem Öl zu einem festen, geschmeidigen Teig verkneten
- Mit einem Küchentuch bedecken und kurz ruhen lassen
- Die Butter erhitzen
- Den Grieß einrieseln lassen und unter ständigem Rühren goldgelb anbraten
- Die restliche Milch und die Sahne dazugießen und den Grieß etwa 10 Minuten quellen lassen
- Käse hinzufügen und die Masse mit Salz und etwas Muskatnuss würzen
- Den Nudelteig auf einer bemehlten Arbeitsfläche dünn ausrollen
- Die Teigplatte mit der Grießmasse bestreichen, dabei einen Rand von etwa 1 cm frei lassen
- Den Teig aufrollen und die Ränder fest andrücken
- Die Teigrolle in ein Küchentuch wickeln, die Enden des Tuchs locker abbinden
- Salzwasser in einem großen Topf erhitzen
- Die Teigrolle darin bei schwacher Hitze etwa 15 Minuten ziehen lassen
- Herausnehmen und abtropfen lassen
- Aus dem Tuch wickeln und quer in etwa 2 cm dicke Scheiben schneiden.

Tipp: Grießschnecken sind eine tolle Beilage zu Braten mit Soße.

Fisch und Fleisch

Bodensee-Kretzerfilets
in Mandelbutter

Zutaten für 4 Personen
800 g Kretzerfilets
Zitronensaft
Salz
weißer Pfeffer
100 g Mehl
150 g Mandelblättchen
1 Ei
50 g Butter

- Die Kretzerfilets kurz unter fließendem Wasser abbrausen, dann trockentupfen und mit Zitronensaft, Salz und Pfeffer würzen
- Mehl und Mandelblättchen auf getrennte Teller geben
- Das Ei in einem tiefen Teller verquirlen
- Die Filets zuerst in dem Mehl, dann in Ei und zuletzt in den Mandelblättchen wenden
- Die Butter in einer Pfanne zerlassen und die Kretzerfilets darin portionsweise bei mittlerer Hitze von beiden Seiten in 2 bis 4 Minuten goldbraun braten
- Die Kretzerfilets auf einer vorgewärmten Platte anrichten
- Dazu passen ein bunter Salat und Salzkartoffeln.

Am deutschen Bodenseeufer heißen sie Kretzer, am Schweizer Ufer kennt man sie als Egli. Trotz verschiedener Bezeichnungen schmecken die zarten Bodenseebarsche überall gleich, nämlich unvergleichlich gut!

Fisch und Fleisch

Bodensee-Felchen
mit Wein-Sahne-Soße

Zutaten für 4 Personen
800 g Felchenfilets
2 EL Zitronensaft
Salz
weißer Pfeffer
einige Zweige Dill
1/2 glatte Petersilie
2 EL Butter
100 ml trockener Weißwein
100 ml halbtrockener Sherry
100 g Sahne

- Die Felchenfilets unter fließendem Wasser abbrausen, trockentupfen und mit Zitronensaft, Salz und Pfeffer würzen
- Die Kräuter waschen, trockenschütteln und ohne die groben Stiele fein hacken
- Den Backofen auf 100 °C vorheizen
- Die Butter in einer Pfanne zerlassen
- Die Felchenfilets darin von beiden Seiten bei schwacher Hitze insgesamt etwa 5 Minuten goldgelb anbraten
- Die Filets herausnehmen und auf einer Platte zugedeckt warm halten
- Den Weißwein, den Sherry und die Sahne in die Pfanne geben und den Bratenfond damit loskochen
- Die Soße durch ein Sieb passieren, wieder in die Pfanne geben und etwas einkochen lassen, bis sie sämig ist
- Die Hälfte der fein gehackten Kräuter in die Soße geben
- Die Felchenfilets auf vorgewärmte Teller verteilen, mit der Soße bedecken und mit den restlichen Kräutern bestreuen.

Tipp: Zu den Felchen passen Salzkartoffeln und frischer Blattspinat.
Servieren Sie dazu einen trocken-aromatischen Weißwein vom Bodensee.

Fisch und Fleisch

Mistkratzerle

Zutaten für 4 Personen

150 g Magerquark

1 Möhre

1 Lauchstange

1 Zwiebel

2 Brathähnchen
von je etwa 800 g

Salz

Pfeffer

1 Bd frische Kräuter
(glatte Petersilie,
Kerbel, Schnittlauch)

1 Ei

50 g saure Sahne

100 g Crème fraîche

150 g Semmelbrösel

3 EL Butterschmalz

einige Pfefferkörner

1/8 l trockener Weißwein

1/4 Geflügelfond

- Den Quark in ein Sieb geben und abtropfen lassen
- Die Möhre schälen und in grobe Stücke teilen
- Den Lauch putzen, längs aufschneiden, gründlich abbrausen und ebenfalls in grobe Stücke schneiden
- Die Zwiebel schälen und grob hacken
- Die beiden Hähnchen innen und außen waschen, trockentupfen und mit Salz und Pfeffer würzen
- Den Backofen auf 200 °C vorheizen
- Die Kräuter waschen, trockenschütteln und ohne die groben Stiele fein hacken
- Das Ei trennen
- Den Quark mit der sauren Sahne, der Hälfte der Crème fraîche und dem Eigelb glatt rühren
- Das Eiweiß steif schlagen
- Die Kräuter, die Semmelbrösel und den Eischnee unter den Quark heben, die Masse mit Salz und Pfeffer würzen
- Die Hähnchen mit der Masse füllen und die Öffnungen mit Küchengarn verschließen, damit die Füllung nicht herausläuft
- In einem Bräter das Butterschmalz erhitzen und darin die Hähnchen von allen Seiten anbraten
- Möhre, Lauch, Zwiebel und Pfefferkörner dazugeben
- Die gefüllten Mistkratzerle im Backofen (mittlere Schiene) etwa 45 Minuten braten, dabei immer wieder mit dem Bratfett bepinseln
- Die fertigen Hähnchen herausnehmen, in Alufolie wickeln und im Backofen bei 100 °C warm halten
- Den Bratfond mit dem Weißwein und dem Geflügelfond ablöschen und etwas einkochen lassen, dann durch ein Sieb gießen
- Die restliche Crème fraîche in die Soße rühren, eventuell mit Salz und Pfeffer abschmecken.

Morgens noch auf dem Mist und abends in der Pfanne –
Mistkratzerle kennen keine Legebatterie und keine Bodenhaltung.

Fisch und Fleisch

Jägerrahmschnitzel

Zutaten für 4 Personen

4 Kalbsschnitzel
von je etwa 180 g
Salz
Pfeffer
Mehl
100 g durchwachsener
geräucherter Speck
1 Zwiebel
300 g Champignons
60 g Butterschmalz
2 EL Tomatenmark
100 ml trockener Weißwein
100 ml Brühe
200 g Sahne
1 Prise Zucker
Saft von 1/2 Zitrone

- Die Schnitzel dünn ausklopfen, mit Salz und Pfeffer würzen und in Mehl wenden
- Den Speck von Schwarte und Knorpeln befreien und in kleine Würfel schneiden
- Die Zwiebel schälen und fein hacken
- Die Champignons putzen und in feine Scheiben schneiden
- Den Backofen auf 100 °C vorheizen
- Das Butterschmalz in einer großen Pfanne erhitzen
- Die Schnitzel darin auf beiden Seiten etwa 2 Minuten bei starker Hitze braten, dann herausnehmen, zusammen in Folie wickeln und zugedeckt warm stellen
- Im verbliebenen Fett die Speck- und Zwiebelwürfel bei schwacher Hitze andünsten
- Dann die Pilze hinzufügen und mitdünsten, bis die Flüssigkeit, die sich dabei bildet, fast verdampft ist
- Tomatenmark, Weißwein und Brühe unterrühren und die Soße einige Minuten kochen lassen
- Die Sahne dazugeben und die Soße mit Zucker und Zitronensaft würzen
- Die Schnitzel mit dem ausgetretenen Fleischsaft in die Soße geben und kurz darin erwärmen
- Dazu passen Spätzle (siehe S. 48) oder Bratkartoffeln.

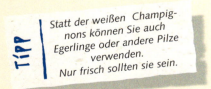

Tipp: Statt der weißen Champignons können Sie auch Egerlinge oder andere Pilze verwenden. Nur frisch sollten sie sein.

Fisch und Fleisch

Geschmorte Kalbshaxe

Zutaten für 4 Personen

2 mittelgroße Zwiebeln

1 große Möhre

100 g Sellerieknolle

1 kleine Petersilienwurzel

1 Knoblauchzehe

1 Kalbshaxe

Salz

schwarzer Pfeffer, frisch gemahlen

Mehl

5 EL Öl

1 EL Tomatenmark

300 ml trockener Rotwein

2 Lorbeerblätter

1 Prise Pimentpulver

2 Gewürznelken

3/4 l Fleisch- oder Gemüsebrühe

1 Prise Zucker

- Die Zwiebeln, die Möhre, die Sellerieknolle und die Petersilienwurzel schälen und klein würfeln
- Den Knoblauch schälen und fein hacken
- Die Kalbshaxe kalt abwaschen und trockentupfen
- Mit Salz und Pfeffer würzen und in Mehl wenden
- Den Backofen auf 180 °C vorheizen
- Das Öl in einem großen Bräter erhitzen
- Die Kalbshaxe darin bei starker Hitze von allen Seiten kräftig anbraten
- Das vorbereitete Gemüse und das Tomatenmark zum Fleisch geben und unter ständigem Rühren mitrösten
- Den Rotwein nach und nach dazugeben
- Die Lorbeerblätter mit dem Pimentpulver und den Gewürznelken zum Fleisch geben
- Zuletzt die Brühe angießen
- Die Brühe aufkochen lassen
- Die Kalbshaxe in den Backofen stellen und zugedeckt etwa 2 Stunden schmoren lassen
- Die fertige Kalbshaxe aus der Soße nehmen und zugedeckt warm stellen
- Die Soße durch ein Sieb passieren, erneut aufkochen lassen und mit Zucker, Salz und Pfeffer würzen
- Das Kalbfleisch von den Knochen lösen und in Scheiben schneiden
- Auf vorgewärmte Teller verteilen und mit der Soße überziehen
- Dazu schmecken Grießschnecken (siehe S. 64), Spätzle (siehe S. 48) oder Bratkartoffeln.

TIPP Statt Tomatenmark können Sie auch eine frische Tomate mitgaren.

Fisch und Fleisch

Eingemachtes Kalbfleisch

Zutaten für 4 Personen

1 Zwiebel
1 Lorbeerblatt
1 Gewürznelke
2 Möhren
100 g Sellerieknolle
1/2 Stange Lauch
1 unbehandelte Zitrone
1/2 Bd Basilikum
300 ml trockener Weißwein
800 g Kalbfleisch (Schulter, Bug)
1/2 TL getrocknetes Liebstöckel
4–5 Pimentkörner
Salz
3 EL Butter
2 EL Mehl
1 Prise Zucker
weißer Pfeffer, frisch gemahlen
1 EL Kapern

- Die Zwiebel schälen und halbieren
- Das Lorbeerblatt mit der Gewürznelke an einer Zwiebelhälfte feststecken
- Die Möhren und den Sellerie waschen, schälen und in grobe Stücke schneiden
- Den Lauch putzen, längs aufschneiden, gründlich abbrausen und quer in dicke Ringe schneiden
- 1/2 Zitrone in Scheiben schneiden, die andere Hälfte auspressen und den Saft für die Soße im Kühlschrank aufbewahren
- Das Basilikum waschen, trockenschütteln und die Blätter grob zerpflücken
- Alles in einen großen Topf geben
- Das Fleisch von Haut und Sehnen befreien und zum Gemüse geben
- 1/4 l Weißwein und 3/4 l Wasser darüber gießen; das Fleisch soll von der Flüssigkeit bedeckt sein
- Das Fleisch in dem Sud zugedeckt über Nacht kalt stellen
- Am nächsten Tag das Fleisch in dem Sud zum Kochen bringen, dann bei schwacher Hitze etwa 1 Stunde gar ziehen lassen
- Das Fleisch herausnehmen und warm stellen, den Sud durch ein Sieb in einen anderen Topf passieren
- Die Butter erhitzen
- Das Mehl einrühren und hell anschwitzen lassen
- Den Sud unter Rühren angießen
- Die Soße etwa 15 Minuten bei mittlerer Hitze kochen lassen, dabei immer wieder umrühren
- Mit dem kalt gestellten Zitronensaft, Zucker, Pfeffer, den Kapern und dem restlichen Weißwein abschmecken
- Das Fleisch in Scheiben schneiden, auf einer Platte anrichten und mit der Soße überziehen.

Tipp: *Dazu serviert man typischerweise Spätzle, aber auch Salzkartoffeln passen sehr gut.*

Eingemacht (eingekocht) wird das Fleisch nicht, aber sanft in einem guten Sud gegart. Das macht dieses Gericht besonders bekömmlich.

Fisch und Fleisch

Kalbsvögele

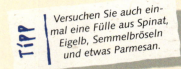

TIPP: Versuchen Sie auch einmal eine Fülle aus Spinat, Eigelb, Semmelbröseln und etwas Parmesan.

Zutaten für 4 Personen

- 100 g tiefgekühlte Erbsen und Möhren
- 4 Kalbsschnitzel von je etwa 150 g
- Salz
- Pfeffer
- 200 g frisches Kalbsbrät
- Mehl
- 1/2 Möhre
- 50 g Sellerieknolle
- 1/2 Lauchstange
- 1/2 Zwiebel
- 4 EL Butterschmalz
- 2–3 EL Mehl
- 1/8 l trockener Weißwein
- 1/4 l Fleischbrühe
- 100 g Sahne
- Saft von 1/2 Zitrone

- Das Tiefkühlgemüse auftauen lassen
- Die Schnitzel flach klopfen und mit Salz und Pfeffer würzen
- Das Brät mit dem Gemüse vermengen und auf den Schnitzeln verteilen
- Die Schnitzel aufrollen und mit Küchengarn umwickeln
- Diese Rouladen in Mehl wenden
- Möhre und Sellerie schälen und in kleine Würfel schneiden
- Den Lauch putzen, längs aufschneiden und ebenfalls in Würfel schneiden
- Die Zwiebel schälen und fein hacken
- Die Hälfte vom Butterschmalz erhitzen und das Gemüse und die Zwiebel darin dünsten, bis die Zwiebel glasig ist
- Das Gemüse herausnehmen
- Das restliche Butterschmalz erhitzen und die Rouladen darin bei mittlerer Hitze rundum anbraten
- Das Gemüse wieder dazugeben
- Das Mehl darüber stäuben und kurz anschwitzen lassen
- Mit dem Weißwein und der Brühe ablöschen und alles einmal aufkochen lassen
- Die Rouladen zugedeckt bei schwacher Hitze etwa 45 Minuten garen
- Die fertigen Rouladen aus der Soße nehmen und zugedeckt warm stellen
- Die Soße einmal aufkochen lassen und mit der Sahne und dem Zitronensaft verfeinern
- Dazu passen Spätzle (siehe S. 48) oder Bratkartoffeln.

Fisch und Fleisch

Schwäbischer Zwiebelrostbraten

Zutaten für 4 Personen

**4 Rinderlendenschnitten
von je etwa 200 g**

Pfeffer

Mehl

4 große Zwiebeln

100 ml Öl

Salz

- Das Fleisch von Fett und Sehnen befreien, kalt abwaschen, trockentupfen und mit dem Handballen etwas flach drücken
- Die Fleischscheiben mit Pfeffer würzen und in Mehl wenden
- Den Backofen auf 100 °C vorheizen und die Teller darin warm stellen
- Die Zwiebeln schälen und in feine Ringe schneiden
- Die Hälfte des Öls in einer großen Pfanne erhitzen
- Die Zwiebelringe darin bei mittlerer Hitze goldbraun und knusprig braten
- Parallel in einer zweiten Pfanne das restliche Öl erhitzen und die Lendenschnitten darin bei mittlerer Hitze auf jeder Seite etwa 4 Minuten braten
- Das Fleisch herausnehmen, mit Salz würzen, in Alufolie wickeln und im Backofen etwa 3 Minuten ruhen lassen
- Das Fleisch aus dem Backofen nehmen, auswickeln und auf den vorgewärmten Tellern anrichten
- Die Zwiebelringe darauf verteilen
- Dazu passen Bratkartoffeln.

Der Schwäbische Zwiebelrostbraten hat viele Gesichter: Manchmal wird er auf Käs- oder Krautspätzle serviert, einmal mit gerösteten Zwiebeln ohne Soße, ein andermal mit Zwiebeln und brauner Soße.

Fisch und Fleisch

Schwäbisches Filettöpfle

Zutaten für 4 Personen
1 Schweinefilet (ca. 400 g)
4 Kalbsmedaillons von je etwa 100 g
Salz
Pfeffer
300 g frische Pfifferlinge
1 Bd glatte Petersilie
1 Zwiebel
1 EL Butterschmalz
60 g Butter
2 TL Mehl
100 ml trockener Weißwein
100 ml Fleischbrühe
200 g Sahne
400 g frische Spätzle (Grundrezept S. 48)
1 EL Zitronensaft

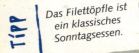
Tipp: Das Filettöpfle ist ein klassisches Sonntagsessen.

- Das Fleisch kalt abwaschen, trockentupfen und von Haut und Sehnen befreien
- Das Schweinefilet quer in vier dicke Medaillons schneiden
- Alle Fleischscheiben mit dem Handballen etwas flach drücken, mit Salz und Pfeffer würzen
- Die Pfifferlinge verlesen, waschen, putzen und gut abtropfen lassen, große Pilze vierteln
- Die Petersilie waschen, trockenschütteln und ohne die groben Stiele fein hacken
- Die Zwiebel schälen und klein würfeln
- Den Backofen auf 100 °C vorheizen
- Das Butterschmalz erhitzen, die Fleischstücke darin auf beiden Seiten etwa 5 Minuten bei mittlerer Hitze braten
- Herausnehmen und zugedeckt im Backofen warm stellen
- 1 EL Butter zerlassen, die Zwiebelwürfel darin bei schwacher Hitze glasig braten
- Die Pfifferlinge dazugeben und alles so lange dünsten, bis die Flüssigkeit, die dabei entsteht, verdunstet ist
- Die Pfifferlinge mit Mehl bestäuben, dieses kurz anschwitzen lassen
- Mit Weißwein und Fleischbrühe ablöschen
- Die Soße 5 bis 8 Minuten bei schwacher Hitze kochen lassen
- Die Sahne einrühren und die Soße mit Salz, Pfeffer und Zitronensaft würzen
- Die restliche Butter in einer zweiten Pfanne erhitzen und die Spätzle darin kurz erwärmen
- Die Spätzle auf vorgewärmte Teller verteilen, darauf die Fleischstücke geben und mit Soße überziehen

Fisch und Fleisch

Rehragout

> **Tipp:** Legen Sie ein kleines Tannenzweiglein mit in die Soße – das gibt einen aromatischen Geschmack. Rotweinbirnen mit Preiselbeeren sind die perfekte Ergänzung.

Zutaten für 4 Personen
1 kg Rehfleisch (Schulter)

Für die Beize:
1 Möhre
50 g Sellerie
3 Zwiebeln
1 Knoblauchzehe
10 Pfefferkörner
2 Lorbeerblätter
8 Wacholderbeeren
2 Nelken
1 Thymianzweig
1 l Rotwein
1 Tannenzweig

Außerdem:
4 EL Butterschmalz
2 EL Tomatenmark
3 EL Mehl
1 1/2 l Fleischbrühe
Salz
Pfeffer
Zucker
4 Stückchen Bitterschokolade

- Das Fleisch von Haut und Sehnen befreien und in etwa 3 cm große Würfel schneiden
- Gemüse und Zwiebeln schälen und grob zerkleinern
- Den Knoblauch schälen
- Gemüse, Gewürze, Ragoutfleisch und Rotwein in eine große Schüssel geben und zugedeckt über Nacht kühl stellen
- Am nächsten Tag die Beize durch ein Sieb in eine andere Schüssel gießen
- Die Fleischwürfel auf Küchenpapier etwas trockentupfen
- Das Butterschmalz in einem großen Topf erhitzen und das Fleisch darin von allen Seiten bei starker Hitze anbraten
- Das Gemüse und die Gewürze aus dem Sieb dazugeben und etwa 5 Minuten bei schwacher Hitze mitrösten
- Dann das Tomatenmark dazugeben
- Das Ganze mit etwas Marinade ablöschen und einkochen lassen; diesen Vorgang mehrmals wiederholen
- Das Ragout mit dem Mehl bestäuben
- Die Fleischbrühe angießen und das Ragout zugedeckt mindestens 1 Stunde bei schwacher Hitze kochen lassen
- Das Ragout mit Salz, Pfeffer, Zucker und Bitterschokolade abschmecken und mit Spätzle (siehe S. 48) und Wildpreiselbeeren servieren.

Fisch und Fleisch

Siedfleisch mit Meerrettichkartoffeln

Zutaten für 4 Personen

Für das Fleisch:

1 Lauchstange
2 Möhren
100 g Sellerie (etwa 100 g)
1 Bd Petersilie
1 Zwiebel
4 Markknochen (ersatzweise andere Suppenknochen)
1 kg Ochsenfleisch (Brustspitze)
4–5 schwarze Pfefferkörner
Salz

Für die Kartoffeln:

1 kg vorwiegend fest kochende Kartoffeln
1/4 l Fleischbrühe
200 ml Milch
Salz
Pfeffer
150 g Sahne
3 EL frisch geriebener Meerrettich
1 Bd Schnittlauch

- Den Lauch putzen, längs aufschneiden und unter fließendem Wasser gründlich abspülen
- Möhren und Sellerie schälen
- Die Petersilie waschen
- Die Zwiebel schälen und halbieren, die Hälften mit der Schnittfläche in einer Pfanne ohne Fett bei mittlerer Hitze goldbraun rösten
- Die Markknochen und das Fleisch unter fließendem kaltem Wasser gründlich abbrausen
- Die Knochen mit Lauch, Möhren, Sellerie, Petersilie, Zwiebel und Pfefferkörnern in einen großen Topf geben
- 1 1/2 l Wasser angießen, mit Salz würzen und zum Kochen bringen; den dabei aufsteigenden Schaum abschöpfen
- Sobald das Wasser kocht, das Fleisch hineingeben und die Hitze reduzieren
- Das Fleisch soll von der Flüssigkeit bedeckt sein und zugedeckt bei schwacher Hitze etwa 1 1/2 Stunden garen
- Inzwischen die Kartoffeln waschen, schälen und in etwa 1/2 cm dicke Scheiben schneiden
- In einen großen Topf geben
- Die Fleischbrühe und die Milch angießen
- Mit Salz und Pfeffer würzen
- Die Kartoffeln bei schwacher Hitze etwa 20 Minuten garen
- Die Sahne und den Meerrettich zu den Kartoffeln geben und alles gut verrühren
- Den Schnittlauch waschen, trockenschütteln und in feine Röllchen schneiden
- Die Meerrettichkartoffeln damit bestreuen
- Das Fleisch aus der Brühe nehmen und quer zur Faser in dünne Scheiben schneiden
- Mit den Meerrettichkartoffeln auf vorgewärmte Teller geben
- Das Fleisch mit etwas Fleischbrühe begießen und servieren

Tipp: Die Fleischbrühe eignet sich sehr gut zum Einfrieren.

Fisch und Fleisch

Schlachtplatte mit Kraut

Zutaten für 4–6 Personen

1 Zwiebel

3 EL Schweineschmalz mit Grieben

1 große Dose Sauerkraut (Abtropfgewicht 770 g)

1 EL Mehl

3 Lorbeerblätter

5 Wacholderbeeren

2 Nelken

1/2 l Apfelmost (oder Cidre)

Salz

Pfeffer

1 kg magerer Schweinebauch

1 Scheibe durchwachsener geräucherter Speck

je 4–6 Blut- und Leberwürste

- Die Zwiebel schälen und fein hacken
- Das Schmalz in einem großen Topf zerlassen
- Die Zwiebel darin bei schwacher Hitze andünsten
- Das Sauerkraut zerpflücken und zu der Zwiebel geben, das Mehl darüber stäuben und Lorbeerblätter, Wacholderbeeren und Nelken dazugeben
- Den Apfelmost angießen
- Das Kraut mit Salz und Pfeffer würzen und aufkochen lassen
- Den Schweinebauch und den Speck ins Kraut geben und alles zugedeckt bei schwacher Hitze etwa 2 Stunden kochen lassen; aufpassen, dass nichts anbrennt und eventuell etwas Flüssigkeit nachgießen
- Reichlich Wasser in einem Topf zum Kochen bringen
- Die Hitze reduzieren und die Blut- und Leberwürste in dem heißen, nicht mehr kochenden Wasser etwa 15 Minuten ziehen lassen
- Die Lorbeerblätter und die Nelken aus dem Kraut entfernen
- Den Schweinebauch und den Speck herausnehmen und in Scheiben schneiden
- Das Sauerkraut mit dem Schweinebauch, dem Speck und den Würsten auf einer Platte anrichten.

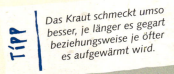

Tipp: Das Kraut schmeckt umso besser, je länger es gegart beziehungsweise je öfter es aufgewärmt wird.

Fisch und Fleisch

Gefüllte Täubchen

Tipp: *Die Füllung eignet sich auch für Hähnchen.*

Zutaten für 4 Personen

4 bratfertige junge Tauben

Salz

Pfeffer

Für die Füllung:

4 Brötchen

1 Zwiebel

1 Bd glatte Petersilie

5 EL Butter

2 Eier

Salz

Muskat

Pfeffer

Außerdem:

Butterschmalz

1 Möhre

1 Zwiebel

1 großes Stück Brotrinde

300 ml Geflügelbrühe

100 g Sahne

2 EL halbtrockener Sherry

Früher hatten viele Landbewohner ihren eigenen Taubenschlag. Heute sind Tauben nicht so leicht zu bekommen.

- Die Täubchen außen und innen waschen, trockentupfen und mit Salz und Pfeffer würzen
- Die Lebern waschen, trockentupfen, sehr fein zerkleinern und zugedeckt beiseite stellen
- Herzen und Mägen waschen, trockentupfen und für die Soße kalt stellen
- Für die Füllung die Brötchen in kleine Würfel schneiden, mit warmem Wasser übergießen und quellen lassen
- Die Zwiebel schälen und fein hacken
- Die Petersilie waschen, trockenschütteln und ohne die groben Stiele fein zerkleinern.
- 1 EL Butter in einer Pfanne zerlassen
- Zwiebelwürfel und Petersilie darin andünsten, bis die Zwiebelwürfel glasig sind
- Die restliche Butter schaumig rühren, mit den Eiern, den ausgedrückten Brötchen, den Leberstückchen und der Zwiebel-Petersilien-Mischung vermengen
- Den Backofen auf 180 °C vorheizen
- Die Täubchen mit der Farce füllen und die Öffnungen mit Bindfaden zunähen
- Für die Soße die Möhre und die Zwiebel schälen und grob zerkleinern
- Reichlich Butterschmalz in einem Bräter erhitzen und die Täubchen darin ringsherum anbraten
- Mägen und Herzen der Täubchen, Möhre, Zwiebel, Brotrinde und etwas Brühe dazugeben und die Täubchen im Backofen etwa 45 Minuten braten, dabei immer wieder mit Geflügelbrühe begießen
- Die fertigen Täubchen aus dem Backofen nehmen, in Alufolie wickeln und im ausgeschalteten Backofen warm stellen
- Den Bräter auf den Herd stellen, den Bratensatz mit Geflügelbrühe, Sahne und Sherry loskochen, dann durch ein Sieb passieren
- Die Täubchen auf vorgewärmten Tellern anrichten und die Soße getrennt dazu reichen
- Dazu passen Buabaspitzle (siehe S.60).

Fisch und Fleisch

Saure Leber

Zutaten für 4 Personen
700 g Kalbsleber
1/4 l Milch
1 Zwiebel
3 EL Butterschmalz
1 EL Mehl
1/8 l Fleischbrühe
100 ml trockener Weißwein
100 g Schmant
Salz
Pfeffer
2 EL fein gehackte Petersilie

- Die Kalbsleber unter kaltem Wasser abbrausen, trockentupfen und in eine flache Form geben
- Die Milch darüber gießen, die Leber sollte davon bedeckt sein
- Die Leber zugedeckt etwa 30 Minuten stehen lassen
- Die Zwiebel schälen und fein hacken
- Die Leber aus der Milch nehmen, trockentupfen und in feine Streifen schneiden
- Den Backofen auf 100 °C vorheizen
- Die Hälfte vom Butterschmalz in einer Pfanne erhitzen und die Zwiebel darin bei schwacher Hitze glasig dünsten
- Die Hitze erhöhen, die Leberstreifen dazugeben und bei mittlerer Hitze rundum braun braten, dann aus der Pfanne nehmen und zugedeckt warm stellen
- Das restliche Butterschmalz in der Pfanne erhitzen, das Mehl dazugeben und anschwitzen
- Die Fleischbrühe und den Wein unter Rühren angießen
- Die Soße etwa um die Hälfte einkochen lassen
- Den Schmant unterrühren und die Soße mit Salz und Pfeffer würzen
- Die Leberstreifen hineingeben und kurz ziehen lassen
- Mit der Petersilie bestreut servieren
- Dazu passen Bratkartoffeln.

Tipp
Innereien erfreuen sich in Schwaben großer Beliebtheit, vor allem, wenn sie in einer sauren Soße serviert werden. Auf diese Art werden Nieren, aber auch Lunge und Kutteln zubereitet.

Fisch und Fleisch

Milch-Fleischküchle

Zutaten für 4 Personen

800 g mageres Fleisch, Kalb und Schwein zu gleichen Teilen, vom Metzger zweimal durch die feinste Scheibe des Fleischwolfs gedreht

etwa 400 ml kalte Milch

Salz, Pfeffer

Majoran nach Belieben

Öl oder Fett zum Braten

- Das Fleisch in eine tiefe Schüssel geben, mit Salz und Pfeffer bestreuen, eventuell etwas Majoran zugeben
- Mit den Knethaken des Handrührgeräts oder mit einer großen Gabel nach und nach die Milch unterrühren
- Immer nur kleine Mengen Milch zugeben und einarbeiten, bis das Fleisch eine gleichmäßige Konsistenz hat
- Nur so viel Milch zugeben, bis das Fleisch eine puddingartig weiche Konsistenz hat und keine Milch mehr aufnimmt, es darf aber nicht flüssig werden
- Abschmecken und bei Bedarf nachwürzen
- In einer Eisenpfanne oder einer beschichteten Pfanne Öl oder Fett erhitzen
- Mit einem Esslöffel Portionen von der Größe eines normalen Fleischküchles nebeneinander in die Pfanne setzen und mit dem Löffel etwa 2 cm dick flachdrücken
- Von beiden Seiten kräftig anbraten, dann die Hitze reduzieren und in etwa 8 Minuten gar braten
- Am Ende der Bratzeit sollen die Küchle innen noch etwas weich und der austretende Fleischsaft rosig hell sein
- Die fertigen Küchle auf einer vorgewärmten Platte im Backofen warm halten, bis alle gebraten sind
- Zuletzt den Bratensaft mit sehr wenig Wasser lösen, kurz einkochen und über das Fleisch geben.

Die zarten Küchle sind hoch beliebt bei Kindern und gut für Menschen mit empfindlichem Magen.

Tipp: Dazu schmecken Petersilienkartoffeln und kräftiges Wirsing- oder Spinatgemüse.

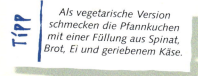

Als vegetarische Version schmecken die Pfannkuchen mit einer Füllung aus Spinat, Brot, Ei und geriebenem Käse.

Gefüllte Pfannkuchen

Zutaten für 4 Personen

Für den Teig:
250 g Mehl
Salz
4 Eier
1/2 l Milch

Außerdem:
100 g Butterschmalz
1 Zwiebel
1 Bd Petersilie
4 EL Butter
400 g Bratwurstbrät
1 Ei
3 EL Semmelbrösel
200 g Sahne
100 g geriebener Allgäuer Emmentaler
Butter für die Form

- Mehl, Salz und Eier mit einem Schneebesen verrühren
- Nach und nach die Milch dazugeben
- In einer Pfanne etwas Butterschmalz erhitzen
- Aus dem Teig nacheinander 8 Pfannkuchen backen, dabei immer wieder etwas Butterschmalz in die Pfanne geben
- Den Backofen auf 180 °C vorheizen
- Eine Auflaufform mit Butter auspinseln
- Die Zwiebel schälen und fein hacken
- Die Petersilie waschen, trockenschütteln und ohne die groben Stiele fein hacken
- 1 EL Butter in einer Pfanne erhitzen
- Zwiebelwürfel und Petersilie darin bei schwacher Hitze dünsten, bis die Zwiebel glasig ist
- Das Bratwurstbrät mit der Zwiebel und der Petersilie, dem Ei und den Semmelbröseln mischen
- Die Pfannkuchen mit der Masse bestreichen, aufrollen und nebeneinander in die Auflaufform legen
- Mit der Sahne begießen, mit dem Käse bestreuen und im Backofen (mittlere Schiene) in etwa 30 Minuten goldbraun überbacken.

Gemüse und Kartoffeln

Krautwickel

Zutaten für 4 Personen
1 Kopf Weißkraut
Salz
1 Zwiebel
3 Scheiben Toastbrot
100 g Sahne
1 Ei
500 g Rinderhackfleisch
Pfeffer
80 g Butterschmalz
1 l Fleischbrühe
1 EL Butter
2 EL Mehl

- Die äußeren Blätter und den Strunk des Krautkopfes entfernen
- In einem großen Topf reichlich Salzwasser erhitzen
- Den Krautkopf in das kochende Salzwasser legen
- Sobald sich die äußeren Blätter gelöst haben, den Krautkopf herausnehmen, die losen Blätter beiseite legen und den Kopf wieder ins kochende Wasser geben
- Diesen Vorgang wiederholen, bis alle großen Blätter abgelöst sind, die sich für Krautwickel eignen
- Die dicken Rippen der Krautblätter mit einem Messer flach schneiden
- Die Zwiebel schälen und klein hacken
- Die Toastscheiben im Mixer mit der Sahne fein zerkleinern und mit Zwiebelwürfeln und Ei unter die Hackfleischmasse geben
- Die Masse mit Salz und Pfeffer würzen
- Je 2 bis 3 Krautblätter ineinander legen und mit etwa 3 Esslöffel Hackfleischfarce füllen
- Die Blätter seitlich über die Füllung klappen, dann aufrollen und mit Küchengarn umwickeln
- In einem breiten Topf das Butterschmalz erhitzen und die Krautwickel darin von allen Seiten anbraten
- Die Krautwickel mit der Fleischbrühe ablöschen und bei schwacher Hitze offen etwa 45 Minuten kochen lassen
- Verdampfte Flüssigkeit mit Wasser oder Fleischbrühe auffüllen
- Den Backofen auf 100°C vorheizen
- Die fertigen Krautwickel aus dem Sud nehmen und das Küchengarn entfernen
- Die Wickel auf eine Platte legen und im Ofen warm stellen
- Die Butter in einem Topf erhitzen
- Das Mehl darüber stäuben und hellgelb anschwitzen
- Den Garfond durch ein Sieb dazugießen, dabei kräftig rühren, damit sich keine Klümpchen bilden
- Die Soße etwa 10 Minuten kochen lassen, mit Salz und Pfeffer würzen und durch ein Sieb über die Krautwickel gießen.

Tipp: Krautwickel sind auch Hergottsbscheißerle wie die Maultaschen. Wer sie vegetarisch füllen möchte, nimmt Reis.

Gemüse und Kartoffeln

Kartoffelpuffer

Zutaten für 4 Personen

1 Bd Frühlingszwiebeln
2 EL Butter
1 kg vorwiegend fest kochende Kartoffeln
2 EL saure Sahne
1 Zwiebel
3 EL Mehl
1 Ei
1 Eigelb
Salz
weißer Pfeffer
frisch geriebene Muskatnuss
Butterschmalz

- Die Frühlingszwiebeln waschen, putzen und in feine Scheiben schneiden
- Die Butter in einer Pfanne erhitzen und die Frühlingszwiebeln darin bei schwacher Hitze glasig dünsten, dann beiseite stellen
- Ein Sieb mit einem Küchentuch auslegen
- Die Kartoffeln waschen, schälen und fein reiben, in das Sieb geben
- Die Kartoffelraspel mit Hilfe des Tuches etwas ausdrücken und mit der sauren Sahne verrühren
- Die Zwiebel schälen und fein hacken
- Mit den Frühlingszwiebeln, dem Mehl, dem Ei und dem Eigelb unter die Kartoffeln mischen
- Die Masse mit Salz, Pfeffer und Muskatnuss würzen
- Etwas Butterschmalz in einer großen Pfanne erhitzen
- Von der Kartoffelmasse mit einem Löffel etwas abnehmen, ins heiße Fett setzen und daraus etwa handtellergroße Puffer formen
- Die Puffer bei mittlerer Hitze von beiden Seiten goldbraun backen
- So fortfahren, bis der Teig und das Butterschmalz verbraucht sind.

Variante

Kartoffelpuffer vertragen sich nicht nur mit pikanten Gerichten. Sie schmecken auch hervorragend zu Apfelmus. In diesem Fall sollten Sie die Frühlingszwiebeln und die Zwiebel allerdings weglassen.

Tipp: Besonders fein schmecken Kartoffelpuffer als Vorspeise mit einem Klecks saurer Sahne und einem Löffelchen Kaviar oder einem Scheibchen Räucherlachs.

Gemüse und Kartoffeln

Volkertshauser Kartoffeln

Zutaten für 4 Personen

1 kg kleine, fest kochende neue Kartoffeln

2 EL Öl

2 EL Kümmel

1 EL Salz

- Den Backofen auf 180 °C vorheizen
- Die Kartoffeln waschen und halbieren
- Ein Backblech mit Öl bestreichen, mit Kümmel und Salz bestreuen
- Die Kartoffelhälften mit der Schnittfläche nach unten auf das Backblech setzen und im Backofen (mittlere Schiene) in etwa 40 Minuten weich garen
- Nach Beendigung der Garzeit die Kartoffeln mit einer Gabel einstechen, um zu prüfen, ob sie durchgegart sind
- Die Kartoffeln herausnehmen und mit angemachtem Kräuterquark (zum Beispiel Luckeleskäs, siehe S. 24) servieren.

Tipp: Für dieses Gericht nur neue Kartoffeln aus biologischem Anbau verwenden, denn nur dann können Sie die Schale ohne Bedenken mitessen.

Gemüse und Kartoffeln

Tettnanger Spargel
mit Kratzede

Zutaten für 4 Personen

Für die Kratzede:

250 g Mehl

Salz

4 Eier

knapp 1/2 l Milch

100 g Butter

Für den Spargel:

2 kg weißer Spargel

1 TL Zucker

Salz

1/2 unbehandelte Zitrone

1 EL Butter

Neben Schwetzingen gehört Tettnang zu den großen Spargelanbaugebieten in Schwaben. Welcher Spargel besser schmeckt, ist eine Glaubensfrage.

- Das Mehl in eine Schüssel sieben
- Eine kräftige Prise Salz und die Eier unterschlagen
- Nach und nach die Milch mit den Schneebesen des Handrührgerätes unterrühren; der Teig soll glatt und dickflüssig sein
- Den Teig etwa 15 Minuten ruhen lassen
- Inzwischen die Spargelstangen schälen und die Enden abschneiden
- Reichlich Wasser in einem Topf erhitzen, Zucker und Salz hinzufügen
- Die Zitrone in Scheiben schneiden und mit der Butter ebenfalls hinzufügen
- Den Backofen auf 100 °C vorheizen
- Die Spargelstangen in den Sud geben und darin in etwa 12 Minuten bissfest garen
- Etwas Butter in einer Pfanne erhitzen
- Die Hälfte des Eierteiges hineingießen und stocken lassen, bis die Unterseite fest ist; die Oberseite sollte noch feucht sein
- Den Pfannkuchen wenden und mit einem Spatel in Stücke teilen
- Immer wieder etwas Butter in die Pfanne gleiten lassen, damit der Pfannkuchen nicht anbrennt
- Die Kratzede herausnehmen und zugedeckt warm stellen
- Mit dem restlichen Teig genauso verfahren
- Die Kratzede zusammen mit dem Spargel servieren.

Und was Süßes

Pfitzauf

Zutaten für etwa 12 Stück
120 g zerlassene Butter
300 g Mehl
Salz
1/2 l warme Milch
4 Eier
Puderzucker

- Den Backofen auf 220 °C vorheizen
- Eine Pfitzaufform oder kleine feuerfeste Förmchen (etwa 8 cm Durchmesser) mit etwas zerlassener Butter ausstreichen
- Das Mehl in eine Schüssel sieben
- Salz, Milch, Eier und die restliche Butter mit den Schneebesen des Handrührgerätes unter das Mehl rühren
- Die Pfitzaufform oder die kleinen Förmchen je zu etwa drei Vierteln mit Teig füllen
- Den Pfitzauf im Backofen (mittlere Schiene) etwa 30 Minuten backen
- Den fertigen Pfitzauf herausnehmen
- Das Gebäck mit einem spitzen Messer aus der Form lösen, dann stürzen
- Den Pfitzauf mit Puderzucker bestäuben und noch heiß servieren
- Dazu passt Kirschkompott.

Pfitzauf gehört zu den traditionellen Freitagsgerichten. Das luftige Gebäck wird immer mit Kompott – am besten rotem – serviert.

Und was Süßes

Ofenschlupfer

Zutaten für 4 Personen

Für den Auflauf:

800 g säuerliche Äpfel

Saft von 1/2 Zitrone

6 Brötchen vom Vortag

3 Eier

3/4 l Milch

200 g Sahne

Salz

80 g Zucker

1 Päckchen Vanillezucker

50 g Mandelblättchen

50 g Rosinen

weiche Butter für die Form

Für die Vanillesoße:

2 Eier

600 ml Milch

1 EL Speisestärke

2 Päckchen Vanillezucker

1 Vanilleschote

Ein typisches Arme-Leute-Essen, denn alte Brotreste wurden so elegant verwertet.

- Die Äpfel waschen, schälen, vom Kerngehäuse befreien, in dünne Spalten schneiden und diese mit dem Zitronensaft beträufeln
- Die Brötchen in dünne Scheiben schneiden
- Die Eier trennen
- Milch, Sahne, Salz, Eigelbe, Zucker und Vanillezucker miteinander verquirlen
- Die Eiweiße steif schlagen und mit einem Schneebesen unter die Eigelbmasse heben
- Den Backofen auf 180 °C vorheizen
- Eine große Auflaufform üppig mit Butter ausstreichen
- Die Zutaten lagenweise einschichten: Brotscheiben, Apfelspalten, Mandeln und Rosinen; die letzte Lage sollen Brotscheiben sein
- Die Zutaten mit der Eiermilch übergießen und im Backofen (mittlere Schiene) etwa 45 Minuten backen
- In der Zwischenzeit die Vanillesoße zubereiten: dafür die Eier trennen
- Von der Milch 1 Tasse abnehmen und mit den Eigelben und dem Vanillezucker verrühren
- Die Vanilleschote längs aufschlitzen und das Mark herauskratzen
- Schote und Mark mit der restlichen Milch zum Kochen bringen, dann bei schwacher Hitze etwa 10 Minuten ziehen lassen
- Anschließend die Eiermilch einrühren und die Soße erneut bis knapp unter den Siedepunkt erhitzen, aber nicht kochen
- Unter Rühren so lange erhitzen, bis die Soße schön cremig ist, und dann beiseite stellen
- Den Ofenschlupfer aus dem Backofen nehmen und noch heiß in der Form servieren
- Die Vanillesoße heiß oder kalt getrennt dazu reichen.

Und was Süßes

Nonnenfürzle

Zutaten für etwa 20 Stück
4 EL Butter
1 Prise Salz
2 EL Zucker
120 g Mehl
4 Eier
1/2 Päckchen Backpulver
750 g Fett
Puderzucker

- In einem Topf Butter, Salz, Zucker und $1/8$ l Wasser zum Kochen bringen und dann vom Herd nehmen
- Das Mehl auf einmal dazugeben und mit einem Holzlöffel kräftig untermischen
- Den Topf wieder auf den Herd stellen und den Teig bei schwacher Hitze so lange rühren, bis er sich vom Topfboden löst
- Den Teig etwas abkühlen lassen
- Dann nach und nach die Eier unter den Teig rühren
- Das Backpulver dazugeben und den Teig abkühlen lassen
- In einer Fritteuse oder in einem Topf mit hohem Rand das Fett auf 180 °C erhitzen
- Einen Kochlöffel in das heiße Fett halten: Wenn sich daran Bläschen bilden, ist es heiß genug
- Von dem Teig mit einem Teelöffel kleine Klößchen abstechen und diese im heißen Fett portionsweise goldgelb ausbacken
- Die fertigen Nonnenfürzle mit einem Schaumlöffel herausheben und auf Küchenpapier abtropfen lassen
- Mit Puderzucker bestreuen und sofort servieren
- Dazu passt Schlagsahne.

Die lautmalerische Bezeichnung bedeutet nicht, wie man glauben könnte, dass es sich bei dem Gebäck um „Winde" von Nonnen handelt, sondern leitet sich von der mittelhochhochdeutschen Bezeichnung „nunnekenfurt" ab, was so viel bedeutet wie „von Nonnen gemacht".

Und was Süßes

Dampfnudeln
mit Vanillesoße

Zutaten für etwa 10 Stück

Für die Dampfnudeln:

200 ml lauwarme Milch

500 g Mehl

1/2 Würfel frische Hefe

50 g Zucker

50 g weiche Butter

1 Ei

1 Eigelb

1 Prise Salz

Für die Form:

50 g Butter

2 EL Zucker

200 ml Milch

Für die Vanillesoße:

1 Vanilleschote

1/2 l Milch

2 Päckchen Vanillezucker

2 EL Speisestärke

5 EL Sahne

- Das Mehl in eine Schüssel sieben und in die Mitte eine Vertiefung drücken
- Die Hefe hineinbröckeln und mit 1 EL Zucker bestreuen
- Mit etwas Milch und Mehl zu einem Vorteig verrühren
- Den Vorteig zugedeckt an einem warmen Ort etwa 30 Minuten gehen lassen
- Den restlichen Zucker, die Butter, das Ei, das Eigelb und Salz dazugeben und alles zu einem geschmeidigen Teig verkneten
- Den Teig zugedeckt an einem warmen Ort etwa 1 Stunde gehen lassen, bis sich sein Volumen verdoppelt hat
- Den Teig auf einer bemehlten Arbeitsfläche durchkneten, dann in etwa 10 gleiche Portionen teilen
- Diese zu Kugeln formen und auf ein bemehltes Brett nicht zu dicht nebeneinander setzen
- Die Dampfnudeln zugedeckt nochmals etwa 30 Minuten gehen lassen
- Den Backofen auf 180 °C vorheizen
- In einem großen Bräter oder einer großen Auflaufform mit Deckel die Butter schmelzen lassen
- Den Zucker und die Milch dazugeben und alles zum Kochen bringen
- Die Dampfnudeln in die heiße Flüssigkeit setzen und im Backofen (mittlere Schiene) zugedeckt etwa 30 Minuten backen
- In der Zwischenzeit für die Vanillesoße die Vanilleschote längs aufschneiden und das Mark herauskratzen
- Die Milch mit der Vanilleschote, dem -mark und dem Vanillezucker zum Kochen bringen, dann bei schwacher Hitze 10 Minuten ziehen lassen
- Die Speisestärke mit der Sahne verquirlen und in die Milch rühren
- Die Soße noch ein paar Mal aufkochen lassen, bis sie schön cremig ist, dann vom Herd nehmen
- Die fertigen Dampfnudeln in der Form servieren, die Vanillesoße getrennt dazu reichen.

Tipp

Zu den süßen Dampfnudeln schmecken eingemachtes Obst wie Kirschen oder Zwetschgen ganz ausgezeichnet. Sie können die Dampfnudeln auch mit Obst füllen, beispielsweise mit frischen Zwetschgen. Geben Sie dann an die Stelle des Zwetschgensteins 1 Stück Würfelzucker.

Und was Süßes

Apfelkuchen
mit Rahmguss

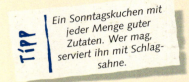

Tipp: Ein Sonntagskuchen mit jeder Menge guter Zutaten. Wer mag, serviert ihn mit Schlagsahne.

Zutaten für eine Springform (28 cm Durchmesser)

Für den Teig:
- 250 g Mehl
- 1 Eigelb
- 125 g Butter
- 1 EL Zucker
- Salz

Für den Belag:
- 1 unbehandelte Zitrone
- 1 kg säuerliche Äpfel (Boskop oder Jonathan)
- 1 TL Zimtpulver
- 1 EL Zucker

Für den Guss:
- 3 Eier
- 3 EL Zucker
- 2 EL Mehl
- 250 g Sahne

Außerdem:
- 50 g Mandelblättchen
- Butter für die Form

- Für den Teig das Mehl auf eine Arbeitsfläche sieben und in die Mitte eine Mulde drücken
- Das Eigelb hineingleiten lassen
- Die Butter in Flöckchen auf den Mehlrand setzen, den Zucker und 1 Prise Salz dazugeben
- Alles rasch verkneten und zu einer Kugel formen
- Den Teig in Alufolie wickeln und etwa 30 Minuten im Kühlschrank ruhen lassen
- Die Zitrone waschen, die Schale abreiben und den Saft auspressen
- Die Äpfel waschen, schälen, vom Kerngehäuse befreien und vierteln
- Den Zimt und den Zucker mischen
- Die Apfelviertel mit Zitronenschale und -saft sowie dem Zimtzucker in einer großen Schüssel gründlich vermengen
- Eine Springform einfetten
- Den Backofen auf 225 °C vorheizen
- Den Teig auf einer bemehlten Arbeitsfläche dünn ausrollen, die Form damit auskleiden und einen etwa 3 cm hohen Rand formen
- Den Teigboden mit einer Gabel mehrmals einstechen
- Die Apfelviertel auf dem Teigboden kreisförmig anordnen
- Für den Guss Eier und Zucker schaumig rühren
- Das Mehl nach und nach dazusieben
- Zum Schluss die Sahne unterrühren
- Den Guss gleichmäßig über die Apfelviertel gießen
- Die Mandelblättchen darüber streuen
- Den Kuchen im Backofen (untere Schiene) etwa 10 Minuten backen
- Dann die Hitze auf 180 °C reduzieren und den Kuchen weitere 40 Minuten backen
- Den fertigen Kuchen aus dem Backofen nehmen und abkühlen lassen.

Und was Süßes

Zwetschgendatschi
mit Brotbröseln

**Zutaten für ein Backblech
(36 x 40 cm)**

300 g Mehl

1/2 Würfel Hefe

50 g Zucker

150 ml lauwarme Milch

130 g weiche Butter

1 Ei

Salz

2 Scheiben Schwarzbrot
vom Vortag

2 kg Zwetschgen

3 EL Zucker

1 TL Zimtpulver

Fett und Mehl
für das Backblech

TIPP

Damit der Hefeteig schön geht, sollten alle Zutaten Zimmertemperatur haben. Deshalb Eier und Hefe etwa 1 Stunde vor dem Backen aus dem Kühlschrank nehmen.

- Das Mehl in eine Schüssel sieben und in die Mitte eine Mulde drücken
- Die Hefe hineinbröckeln und mit 1 EL Zucker bestreuen
- Die Hefe mit 100 ml Milch und etwas Mehl zu einem flüssigen Vorteig verrühren
- Den Vorteig zugedeckt etwa 15 Minuten an einem warmen Ort gehen lassen
- 80 g Butter, das Ei und 1 Prise Salz auf den Mehlrand geben
- Alles mit den Knethaken des Handrührgerätes zu einem glatten Hefeteig verkneten, dabei die restliche Milch hinzufügen
- Den Teig zugedeckt etwa 30 Minuten an einem warmen Ort gehen lassen
- In der Zwischenzeit das Brot fein reiben
- Die Zwetschgen waschen, auf-, aber nicht durchschneiden und entsteinen
- Den Hefeteig auf einer bemehlten Arbeitsfläche dünn ausrollen
- Ein Backblech einfetten und mit Mehl bestäuben oder mit Backpapier auskleiden
- Die Teigplatte darauf legen und einen kleinen Rand formen
- Die Zwetschgen gleichmäßig auf dem Teig verteilen
- Zucker, Zimt und Brotbrösel mischen und über die Zwetschgen streuen
- Die restliche Butter in Flöckchen darauf verteilen
- Den Kuchen nochmals etwa 15 Minuten gehen lassen
- Den Backofen auf 200 °C vorheizen
- Den Kuchen im Backofen (mittlere Schiene) etwa 30 Minuten backen.

Und was Süßes

Birnenbrot

Zutaten für 2 kleine Laibe

300 g getrocknete Birnen (Hutzeln)

200 g getrocknete Zwetschgen

100 g getrocknete Feigen

60 g Sultaninen

130 g Zucker

500 g Mehl

25 g Hefe

100 g Walnusskerne

50 g Zitronat

1 Prise Nelkenpulver

1/2 TL Salz

1 TL Zimt

2 EL Kirschwasser

Fett für das Backblech

Die getrockneten Birnen heißen in manchen Bereichen Schwabens auch Hutzeln. Birnenbrot ist der erste Vorbote der nahenden Adventszeit. Es schmeckt am besten mit Speckbirnen.

- Am Vortag die getrockneten Früchte mit $1/2$ l Wasser in einen emaillierten Topf geben und zugedeckt über Nacht stehen lassen
- Die Früchte mit dem Wasser am nächsten Tag mit 100 g Zucker aufkochen und etwa 10 Minuten kochen lassen, dann abgießen und das Einweichwasser auffangen, $1/4$ l davon abmessen
- Das Mehl in eine Schüssel sieben, eine Vertiefung hineindrücken und die Hefe hineinbröckeln
- Die Hefe mit 1 Teelöffel Zucker bestreuen und mit etwas Einweichwasser und Mehl verrühren
- Den Vorteig zugedeckt etwa 20 Minuten an einem warmen Ort gehen lassen
- In der Zwischenzeit die Früchte und die Walnusskerne grob, das Zitronat fein hacken
- Alles mit Nelkenpulver, Salz, Zimt und Kirschwasser in einer Schüssel mischen
- Das Mehl und das abgemessene Einweichwasser zum Vorteig geben und alles mit den Knethaken des Handrührgerätes zu einem glatten Teig verkneten
- Zuletzt die Früchte darunter kneten und den Teig 1 bis 2 Stunden gehen lassen
- Ein Backblech einfetten
- Den Teig nochmals gut kneten und daraus 2 kleine Laibe formen
- Die Laibe auf das Backblech setzen und zugedeckt nochmals 30 Minuten gehen lassen
- Den Backofen auf 180°C vorheizen
- Den restlichen Zucker mit 50 ml Wasser zum Kochen bringen, den Zucker unter Rühren auflösen, dann beiseite stellen
- Die Früchtebrote mit etwas Zuckerwasser bestreichen, dann etwa 60 Minuten backen und kurz vor dem Ende der Backzeit nochmals mit Zuckerwasser bestreichen.

Und was Süßes

Bärentatzen

Zutaten für etwa 25 Stück

1 unbehandelte Zitrone

4 Eiweiß

Salz

1 Päckchen Vanillezucker

200 g Puderzucker

1 Eigelb

100 g fein geriebene Blockschokolade

50 g Kakao

350 g gemahlene Mandeln

je 1 Prise Zimt- und Nelkenpulver

Butter für das Backblech

- Die Zitrone heiß abwaschen, trocknen und die Schale abreiben
- Die Zitrone halbieren und eine Hälfte auspressen
- Die Eiweiße mit 1 Prise Salz zu schnittfestem Schnee schlagen
- Nach und nach den Vanillezucker, den Puderzucker, das Eigelb, die Zitronenschale und den -saft, die Schokolade, den Kakao und die Mandeln darunter rühren
- Den Teig zugedeckt etwa 2 Stunden kalt stellen
- Ein Backblech mit Butter ausstreichen oder mit Backpapier auslegen
- Den Backofen auf 180 °C vorheizen
- Die Bärentatzenform mit Zucker ausstreuen
- Etwa 1 EL Teig hineindrücken und glatt streichen
- Den überstehenden Teig abnehmen
- Die Bärentatze aus der Form klopfen und auf das Backblech legen
- So verfahren, bis der ganze Teig verbraucht ist
- Die Bärentatzen über Nacht in einem kühlen Raum stehen lassen, dabei mit einem sauberen Küchentuch abdecken
- Die Bärentatzen im Backofen (mittlere Schiene) etwa 15 Minuten backen
- Die Plätzchen vorsichtig vom Blech nehmen und abkühlen lassen
- In gut schließenden Gebäckdosen aufbewahren.

Model für die traditionellen Bärentatzen sind schwer zu bekommen. Bärentatzen müssen unbedingt ruhen, bevor sie gebacken werden. Meine Mutter hat sie immer, wie hier empfohlen, auf dem Blech ungebacken über Nacht in einen kühlen Raum gestellt – was allerdings oft auch für einen natürlichen Schwund sorgte.

Und was Süßes

Spitzbuben

Zutaten für etwa 50 Stück

350 g Mehl

150 g gemahlene Mandeln

150 g Zucker

1 Päckchen Vanillezucker

250 g kalte Butter

Himbeermarmelade
zum Füllen

Vanillezucker
zum Wälzen

- Das Mehl auf eine Arbeitsfläche sieben; Mandeln, Zucker und Vanillezucker dazugeben
- Die Butter in Flöckchen auf dem Rand verteilen und alles rasch zu einem geschmeidigen Mürbteig verkneten
- Den Teig zur Kugel formen, in Alufolie wickeln und mindestens 30 Minuten kalt stellen
- Ein Backblech mit Backpapier auslegen
- Den Backofen auf 180 °C vorheizen
- Den Teig auf einer bemehlten Arbeitsfläche portions- weise dünn ausrollen und mit einer runden Form Plätzchen ausstechen
- Diese auf das Backblech legen und im Backofen (mittlere Schiene) in 8 bis 10 Minuten hellgelb backen
- Die Plätzchen noch heiß vom Blech nehmen
- Die Hälfte der Plätzchen auf der Unterseite mit Marmelade bestreichen
- Auf jedes bestrichene Plätzchen ein unbestrichenes mit der Unterseite darauf setzen
- Die gefüllten Plätzchen noch warm in Vanillezucker wälzen
- So fortfahren, bis alle Plätzchen gebacken und zusammengesetzt sind
- Die Plätzchen trocken und kühl lagern.

Ob sie so heißen, weil sie von den Lausbuben so häufig stibitzt wurden? Das ist ungewiss. Sicher ist, dass sie nicht nur diesen gut schmecken.

Und was Süßes

Zwetschgenknöpfle *Bild rechts*

Zutaten für 4 Personen
300 g Weißbrot
500 g Zwetschgen
3 EL Mehl
3 Eier
1 Prise Salz
Butterschmalz zum Ausbacken
Zimt und Zucker zum Bestreuen

- Das Weißbrot in kleine Würfel schneiden, mit etwas lauwarmem Wasser übergießen und quellen lassen
- Die Zwetschgen waschen, halbieren und entsteinen
- Das Brot ausdrücken, mit Mehl, Salz und Eiern vermischen und die Zwetschgen darunter mengen
- Reichlich Butterschmalz in einer hohen Pfanne erhitzen
- Mit einem Esslöffel Stücke von dem Teig abstechen und im heißen Schmalz goldgelb backen
- Die Zwetschgenknöpfle auf einem Teller anrichten, noch warm mit Zimt und Zucker bestreuen und servieren.

Tipp: Statt Zwetschgen können Sie auch Aprikosen verwenden.

Milchknöpfle

Zutaten für 4 Personen
1 1/2 l Milch
40 g Butter
1 Prise Salz
125 g Mehl
6 Eier
3 Eigelb
50 g Zucker
1 Päckchen Vanillezucker

- Für den Teig 450 ml Milch mit Butter und Salz zum Kochen bringen
- Das Mehl auf einmal in die heiße Milch schütten
- So lange rühren, bis sich der Teig in einem Kloß vom Topfboden löst
- Den Teig beiseite stellen und etwas abkühlen lassen
- Dann nach und nach die Eier unterrühren
- Inzwischen in einem breiten Topf 1 l Milch zum Kochen bringen; die Hitze etwas reduzieren, so dass die Milch nicht mehr kocht
- Mit zwei Teelöffeln aus dem Teig Klößchen formen und diese in der siedenden Milch etwa 5 Minuten kochen, dann bei reduzierter Hitze noch 5 Minuten ziehen lassen
- Die fertigen Milchknöpfle aus der Milch nehmen und in eine Schüssel legen
- Die Eigelbe mit der restlichen Milch verquirlen und unter die heiße Milch rühren
- Die Soße mit Zucker und Vanillezucker süßen
- Die Milchknöpfle in der heißen oder kalten Soße servieren.

Tipp: Milchknöpfle sind wie Dampfnudeln auch als süße Hauptspeise beliebt, beispielsweise am Freitag, wenn Fleisch verboten ist.

Und was Süßes

Hefezopf

Zutaten für 6 Personen
500 g Mehl
200 ml lauwarme Milch
1 Würfel Hefe
80 g Zucker
1 Ei
80 g Butter
1 EL Öl
1 Prise Salz
abgeriebene Schale von 1 Zitrone

Außerdem:
1 Eigelb und 1 EL Milch zum Bestreichen
Hagelzucker und Mandelblättchen zum Bestreuen

- Aus den angegebenen Zutaten einen glatten Hefeteig bereiten und diesen so lange schlagen oder in der Rührschüssel kneten, bis er Blasen wirft und sich von der Schüssel löst
- Zugedeckt an einem warmen Ort gehen lassen, bis er sein Volumen verdoppelt hat
- Den Teig in drei Portionen teilen und zu Strängen formen
- Daraus einen Zopf flechten und auf dem Backblech nochmals etwa 30 Minuten gehen lassen
- Mit Eigelb und Milch bestreichen und mit Hagelzucker und Mandelstiften bestreuen
- Bei 180 bis 190 °C etwa 40 Minuten backen.

Variante

- Den fertigen Teig rechteckig auf Blechgröße ausrollen
- Mit 50 g zerlassener Butter bestreichen und mit 80 g Zucker, 1 TL Zimt, 100 g Sultaninen und 50 g Mandelstiften bestreuen
- Von der Breitseite her aufrollen, die Teigrolle längs aufschneiden und beide Teile miteinander verschlingen; die Schnittflächen liegen dabei oben
- Nochmals gehen lassen, dann backen
- Den heißen Zopf mit einer Glasur aus 1 EL Zitronensaft und 3 EL Puderzucker bestreichen.

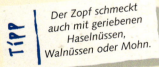

Tipp: Der Zopf schmeckt auch mit geriebenen Haselnüssen, Walnüssen oder Mohn.

Rezeptverzeichnis

Allgäuer Kässuppe	36	Maultaschen mit Fleischfülle	56
Apfelkuchen mit Rahmguss	112	Maultaschen mit Spinatfülle	54
		Milch-Fleischküchle	94
Bärentatzen	118	Milchknöpfle	122
Birnenbrot	116	Mistkratzerle	70
Bodensee-Felchen mit Wein-Sahne-Soße	68		
Bodensee-Kretzerfilets in Mandelbutter	66	Nonnenfürzle	108
Brätknödelsuppe	34		
Brennte Mehlsupp'	38	Ochsenmaulsalat	20
Buabaspitzle	60	Ofenschlupfer	106
Dampfnudeln auf Kartoffelbett	62	Pfitzauf	104
Dampfnudeln mit Vanillesoße	110		
		Rehragout	84
Eingemachtes Kalbfleisch	76	Romadur mit Essig, Öl und Zwiebeln	26
Fingernudeln	60	Saure Leber	92
Flädlesuppe	36	Saure Kutteln	42
		Saure Rädle mit Gschlagenen	44
Gaisburger Marsch	40	Saurer Backstoikäs	26
Geschmorte Kalbshaxe	74	Schlachtplatte mit Kraut	88
Gefüllte Pfannkuchen	95	Schupfnudeln	60
Gefüllte Täubchen	90	Schwäbischer Wurstsalat	23
Grießschnecken	64	Schwäbischer Zwiebelrostbraten	80
Grießschnitten	30	Schwäbisches Filettöpfle	82
		Siedfleisch mit Meerrettichkartoffeln	86
Hefeknöpfle mit Kraut	57	Spätzle Grundrezept	48
Hefezopf	124	Spitzbuben	120
Jägerrahmschnitzel	72	Tellersulz	28
		Tettnager Spargel mit Kratzede	102
Kalbsvögele	78		
Kartoffelpuffer	98	Volkertshauser Kartoffeln	100
Kartoffelsalat	16		
Kässpätzle	50	Zwetschgendatschi mit Brotbröseln	114
Katzagschroi	24	Zwetschgenknöpfle	122
Krautkrapfen	58	Zwiebelkuchen	18
Krautspätzle	52		
Krautwickel	96		
Leberspätzlesuppe	32		
Linsen, Spätzle, Saitenwürste	46		
Luckeleskäs	24		
Lumpasupp'	22		

Bildquellen
Brunhilde Bross-Burkhard:
S. 11
Martina Gronau: S. 7
Christian Hodum: S. 14
Hans Reinhard: S. 4, 15 oben
Schwäbische Alb Tourismus-
verband: S. 6, 10
Verkehrsverein Tübingen: S. 8
Württemberger Winzergenos-
senschaft: S. 15 unten
Alle anderen Fotos und die
Rezeptfotos stammen von
Fridhelm Volk.

**Text von Thaddäus Troll auf
Seite 12** mit freundlicher
Genehmigung aus:
Thaddäus Troll: Deutschland
deine Schwaben. Hoffmann &
Campe, 2002
© Susanne Bayer-Ulrici
Gedicht auf Seite 14 mit
freundlicher Genehmigung
aus: Manfred Rommels ge-
sammelte Gedichte
© 1993 Engelhorn Verlag,
Stuttgart

Bibliografische Information Der Deutschen Bibliothek
Die Deutsche Bibliothek verzeichnet diese Publikation in der
Deutschen Nationalbibliografie; detaillierte bibliografische Daten
sind im Internet über http://dnb.ddb.de abrufbar.

Das Werk einschließlich aller seiner Teile ist urheberrechtlich
geschützt. Jede Verwertung außerhalb der engen Grenzen des
Urheberrechtsgesetzes ist ohne Zustimmung des Verlages
unzulässig und strafbar. Das gilt insbesondere für Vervielfältigun-
gen, Übersetzungen, Mikroverfilmungen und die Einspeicherung
und Verarbeitung in elektronischen Systemen.

Haftung
Die Autorin und der Verlag haben sich um richtige und zu-
verlässige Angaben bemüht. Fehler können jedoch nicht vollständig ausgeschlossen werden. Eine Garantie für die Richtigkeit
der Angaben kann daher nicht gegeben werden. Haftung
für Schäden und Unfälle wird aus keinem Rechtsgrund über-
nommen.

© 2003 Verlag Eugen Ulmer GmbH & Co.
Wollgrasweg 41, 70599 Stuttgart (Hohenheim)
E-Mail: info@ulmer.de
Internet: www.ulmer.de

Lektorat: Dr. Gabriele Lehari, Ina Vetter
Umschlag- und Innengestaltung: WILDE2 Grafikdesignduo,
Stuttgart
Herstellung: Martina Gronau
Druck und Bindung: Offizin Andersen Nexö, Leipzig
Printed in Germany

ISBN 3-8001-4238-4

Buchtipps

Ein vergnügliches Lesebuch mit vielen Rezepten – nicht nur für Schwaben!
Spätzle, Maultaschen & Co. E. Knittel, R. Maurer. 2003. 190 S., 56 Farbf., 5 Zeichn. ISBN 3-8001-3877-8.

Die köstliche fränkische Küche ist ebenso bekannt und beliebt wie der fränkische Wein. Kochen Sie doch einmal selber echt fränkisch! Einfache Rezepte, Schritt für Schritt erklärt.
Landfrauen-Rezept aus Franken. B. Rias-Bucher, F. Volk. 2003. Etwa 128 S., 60 Farbf. ISBN 3-8001-4217-1.

Lieben Sie Kartoffelklöße? Mögen Sie es so richtig deftig? Backen Sie gern? Dann ist die Thüringer Küche genau das richtige für Sie. Lernen Sie Faule-Weiber-Klöße, Hossehüh und Schnapphütes kennen!
Landfrauen-Rezepte aus Thüringen. O. Tietz, F. Volk. 2003. Etwa 128 Seiten, 60 Farbfotos. ISBN 3-8001-4220-1.

Backen Sie gerne und suchen Sie neue Anregungen für leckere Kuchen und Torten? Mit diesen Rezepten für saftige Obstkuchen, schnelle Blechkuchen, feines Gebäck und cremige Torten aus ganz Deutschland bringen Sie Abwechslung auf Ihre Kaffeetafel.
Landfrauen-Rezepte – Backen. O. Tietz, F. Volk. 2003. Etwa 128 Seiten, 60 Farbfotos. ISBN 3-8001-4222-8.

Dies sind die echten Landfrauen-Rezepte! Die 22 Landesverbände des Deutschen LandFrauen Verbandes stellen in diesem Buch Ihre Region mit leckeren Rezepten vor. Köstliche und typische Gerichte aus ganz Deutschland, von erfahrenen Köchinnen gesammelt, vom Deutschen LandFrauen Verband geprüft und für Sie aufgeschrieben.
Echte LandFrauen Rezepte. Köstliches aus allen Landschaften Deutschlands. Deutscher Land Frauen Verband. 2003. 144 Seiten, 66 Farbf. ISBN 3-8001-4259-7.